常微分方程（第2版）

主　编　金银来　刘媛媛
副主编　张冬梅　宋　杰　徐　涵

电子工业出版社
Publishing House of Electronics Industry
北京·BEIJING

内 容 简 介

本书是作者在多年教学实践的基础上，参考国内外一些同类教材，经过加工和补充编写而成的．考虑到近几十年科学技术的发展，作者尽量保持常微分方程知识结构的完整性，并遵循易学易教的特点，适当补充实例和应用模型．

通过对该课程的学习，学习者能掌握常微分方程的基本概念、基本理论和初等解法等，为后续课程的学习打下基础；同时，了解常微分方程近代理论研究中的某些基本内容，以开阔视野．另外，对具有强烈实际背景的常微分方程模型有初步了解，有助于推动常微分方程在社会生产实践中的应用．

本书可作为综合性大学和师范院校数学类本科、专科学生的常微分方程教材．

未经许可，不得以任何方式复制或抄袭本书之部分或全部内容。
版权所有，侵权必究。

图书在版编目（CIP）数据

常微分方程 / 金银来，刘媛媛主编. -- 2版. --
北京 : 电子工业出版社, 2025. 9. -- ISBN 978-7-121
-51141-7
Ⅰ. O175.1
中国国家版本馆CIP数据核字第2025F4M937号

责任编辑：杨 晗
印　　刷：河北京平诚乾印刷有限公司
装　　订：河北京平诚乾印刷有限公司
出版发行：电子工业出版社
　　　　　北京市海淀区万寿路173信箱　　邮编：100036
开　　本：787×1092　1/16　印张：9.75　字数：249.6千字
版　　次：2011年1月第1版
　　　　　2025年9月第2版
印　　次：2025年9月第1次印刷
定　　价：39.80元

凡所购买电子工业出版社图书有缺损问题，请向购买书店调换。若书店售缺，请与本社发行部联系，联系及邮购电话：（010）88254888，88258888。
质量投诉请发邮件至 zlts@phei.com.cn，盗版侵权举报请发邮件至 dbqq@phei.com.cn。
本书咨询联系方式：（010）88254442，yanghan@phei.com.cn。

第 2 版前言

本书自第 1 版出版以来,已连续作为临沂大学数学类专业常微分方程课程的重要参考教材十余年. 在使用过程中,陆续发现第 1 版中的一些打印错误及叙述不恰当之处. 因此在本次修订时,我们重点纠正了语言叙述及符号设定,并结合普通本科院校学生的学习特点,特意调整了部分章节结构,如将原来的第三章分为本书中的第三章与第四章,更为详细地介绍了一阶线性微分方程组关于解的结构的基本理论. 另外,为了提升学习常微分方程的理论水平,本书增加了部分求解方法的基本思想,如在第 2.4 节中增加了参数法的基本思想和方法,并对其进行了更为详细的分类.

我们在编写本书时,尽量吸收国内外常微分方程课程建设方面的最新研究成果和课程改革的先进经验,将问题性导向体现在教材的具体内容上,建立了预习模块,在一定程度上体现了创新教学理念.

本书要关注的问题

- 什么是微分方程? 它代表什么?

- 微分方程从哪里来? 它有什么用?

- 面对一个微分方程,我们能做什么? 怎么去做?

以上问题的回答涉及微分方程的理论、方法及应用. 经过教学实践验证,通过问题引导学习方向的方法对本课程有良好的教学效果.

编写过程中,编者根据多年的教学经验精选内容,注重培养学生的微分方程基础思维和应用相关知识的能力,内容深入浅出,让学生了解问题产生的背景. 本书的编写立足于激发学生的学习兴趣,有利于学生综合素质和创新能力的提高. 因此,与同类教材相比,本书体现了三大特点:第一,淡化知识体系的完备性和某些复杂形式,注重核心内容但简而不略;第二,通过在每章章首提出核心问题,建立以问题为导向的学习机制,培养以思考和探讨为主的数学思维;第三,加强理论与实际的联系,注重该学科知识在其他学科,特别是在经济与工程技术方面的具体应用,将数学建模思想融入书中,本书在每一章节中增加了与本章节知识密切相关的数学模型,而且在第五章给出了综合应用微分方程知识的模型. 通过对实际问题模型的学习,加强学生理论建模的思维训练,培养学生解决实际问题的能力.

对比第 1 版,本书在章节之后精心调整了习题的数量及难度,配合章节内容加强理论知识的学习.

在学校的大力支持下，本书作为我校教材立项成果出版，既是数学与应用数学专业作为我校首批国家级特色专业及国家一流专业建设点的重要学科成果，也是我们教学实践和改革的一个阶段性总结. 正是学校教务处领导和数学与统计学院领导的鼓励和帮助，才使得我们有信心、有精力完成此书的编写工作. 但我们相信本书仍有需要完善的地方，因此真心希望得到同行及读者的批评指正，以使本书具有更好的适应性和可读性.

编者

第 1 版前言

常微分方程是数学的一个分支，其理论与方法广泛应用于研究自然科学与社会科学中的现象及其变化规律. 它的形成和发展是与物理、化学、生物、工程、航空航天、医学、经济、金融等领域及其他科学技术密切相关的，如万有引力定律、机械能守恒定律、能量守恒定律、人口发展规律、生态种群竞争、疾病传染、遗传基因变异、股票的涨幅趋势、利率的浮动、市场均衡价格的变化等. 对这些规律的描述、认识和分析就可归结为对相应的常微分方程描述的数学模型的研究. 因此，常微分方程的理论和方法不仅广泛应用于自然科学，而且越来越多地应用于社会科学的各个领域. 常微分方程在长期不断的发展过程中，一方面直接从与生产实践联系的其他科学技术中汲取活力，另一方面又不断用数学科学的各种新旧成就来武装自己，所以它的问题和方法越来越显得丰富多彩.

常微分方程是数学与应用数学专业及信息与计算科学专业本科生的重要专业基础课程之一，也是一门应用性很强的课程. 从数学的角度看，常微分方程分为经典和现代两部分内容，经典部分以数学分析、高等代数为工具，以求微分方程的解为主要目的；现代部分则主要是用泛函分析、拓扑学等知识来研究解的性质. 这里的常微分方程指的是经典部分内容，是重要的基础课程. 常微分方程对先修课程 (数学分析与高等代数等) 及后续课程 (微分方程数值解法、偏微分方程、微分几何、泛函分析等) 起到承前启后的作用，是数学理论中不可缺少的组成部分，也是学生学习本专业近代知识的基础，对培养学生分析问题和解决问题的能力有重要作用.

本书是我校精品课程建设的阶段性成果之一. 我们在编写本教材时，尽量吸收国内外常微分方程课程建设方面的最新研究成果和课程改革的先进经验，体现创新教学理念. 编写过程中，我们根据多年的教学经验精选内容，注重思维开发和知识应用，内容深入浅出，让学生了解问题产生的背景. 本书的编写立足于激发学生的学习兴趣，有利于学生综合素质和创新能力的提高. 因此，与同类教材相比，本书具备了三大特点：第一，淡化知识体系的完备性和某些复杂形式，注重核心内容但简而不略；第二，加强理论与实际的联系，注重该学科知识在其他学科，特别是在经济与工程技术方面的具体应用；第三，将数学建模思想融入书中，特别是在每一章节中增加了与本章节知识密切相关的数学模型，而且在本书的第五章给出了综合应用微分方程知识的模型. 通过对实际问题模型的学习，加强学生理论建模的思维训练，培养学生解决实际问题的能力. 同时，为加强常微分方程与后续课程的联系，本书的第三至六章简要介绍了常微分方程边值问题、差分方程、偏微分方程与泛函微分方程的基本概念与简单解法. 鉴于常微分方程密切联系实际，思维方法独特,同时又是高校学生普遍感兴趣的课程,本书除配备适量习题加强理论知识的学习,还增设题材广泛的模型与应用训练题. 这些题目有的是现实问题中的数学模型,有的是对基本理论的有益补充,在帮助学生开阔视野、加强应用能力训练等方面大有裨益.

在学校大力支持下,本书作为我校香樟书库系列立项校本教材出版,这对我们来说是一个巨大的鼓舞. 正是学校领导和数学系领导的鼓励和帮助,才使得我们有信心、有精力完成此书的编写工作.

本书除作为普通师范类院校数学系的教材,还可以作为高等学校理工科、经济类各专业及其他相关专业相应课程的教材和参考书,以及准备报考研究生的学生和技术人员的参考书.

限于编者水平,书中疏漏与错误之处在所难免,敬请读者批评指正.

编者

目 录

第一章 微分方程基本概念与基本定理   1
- 1.1 微分方程的模型应用   2
- 1.2 基本概念   10
- 1.3 解的存在性与唯一性   14
- 1.4 解的延拓与比较定理   20
- 1.5 解对初值的连续依赖性   26
- 1.6 解对初值的可微性   29
- 1.7 微分方程的发展史   32

第二章 初等积分法   35
- 2.1 变量可分离方程   35
  - 2.1.1 变量可分离方程的解法   35
  - 2.1.2 可化为变量可分离方程的类型   38
- 2.2 线性微分方程与常数变易法   40
  - 2.2.1 非齐次线性微分方程的通解   41
  - 2.2.2 伯努利微分方程   42
- 2.3 全微分方程与积分因子   43
  - 2.3.1 全微分方程   43
  - 2.3.2 积分因子   44
- 2.4 隐式微分方程   48
  - 2.4.1 参数法   48
  - 2.4.2 参数法的应用   49
- 2.5 可降阶的高阶微分方程   53
- 2.6 应用实例   57

第三章 线性微分方程组   61
- 3.1 线性微分方程组的一般理论   61
  - 3.1.1 一阶齐次线性微分方程组   63
  - 3.1.2 一阶非齐次线性微分方程组   66
- 3.2 常系数线性微分方程组   69

		3.2.1 利用若尔当标准型求基解矩阵	69
		3.2.2 矩阵指数方法*	75
	3.3	模型	78

第四章 高阶线性微分方程   81

4.1	高阶线性微分方程的一般理论		81
4.2	高阶齐次线性微分方程的解法		85
	4.2.1	特征根是单根的情形	86
	4.2.2	特征根有重根的情形	87
4.3	高阶非齐次线性微分方程的解法		88
	4.3.1	非齐次项 $f(x) = P_m(x)\mathrm{e}^{\alpha x}$	88
	4.3.2	非齐次项 $f(x) = [A_m(x)\cos\beta x + B_l(x)\sin\beta x]\mathrm{e}^{\alpha x}$	89
4.4	拉普拉斯变换		90
4.5	高阶线性微分方程的应用		93
	4.5.1	机械振动	93
	4.5.2	LRC 电路	96

第五章 定性和稳定性理论简介   99

5.1	稳定性概念		99
5.2	李雅普诺夫第二方法		104
5.3	平面自治系统的基本概念		109
	5.3.1	相平面、相轨线与相图	109
	5.3.2	平面自治系统的三个基本性质	111
	5.3.3	常点、奇点与闭轨	113
5.4	平面定性理论简介		114
	5.4.1	初等奇点附近的轨线分布	114
	5.4.2	平面非线性自治系统奇点附近的轨线分布	124
	5.4.3	极限环的概念	126
	5.4.4	极限环的存在性和不存在性	128

第六章 偏微分方程   131

6.1	偏微分方程的基本概念		131
	6.1.1	一般概念	131
	6.1.2	偏微分方程的解	133
6.2	一阶偏微分方程		134
	6.2.1	完全积分、一般积分和奇异积分	134
	6.2.2	几类特殊的一阶偏微分方程	137
	6.2.3	一阶拟线性偏微分方程	140
	6.2.4	一阶偏微分方程组	143

第一章 微分方程基本概念与基本定理

17 世纪, 英国科学家牛顿 (Newton) 和德国数学家莱布尼兹 (Leibniz) 分别独立创立了微积分学, 为微分方程的诞生提供了理论基础, 同时开启了常微分方程的研究.

微积分中所研究的函数, 反映的是客观世界运动过程中量与量之间的一种关系. 但在大量的实际问题中遇到一些稍微复杂的运动时, 反映运动规律的量与量之间的关系 (函数) 往往不能直接写出来, 却比较容易地建立这些量和它们的导数 (或微分) 间的关系. 这种联系着自变量、未知函数及它的导数 (或微分) 的关系式, 数学上称之为**微分方程**, 其中自变量只有一个的微分方程称为**常微分方程**, 自变量为两个或两个以上的微分方程称为**偏微分方程**. 如方程

$$\frac{\mathrm{d}^2 y}{\mathrm{d}t^2} + b\frac{\mathrm{d}y}{\mathrm{d}t} + cy = f(t), \tag{1.0.1}$$

$$\left(\frac{\mathrm{d}y}{\mathrm{d}t}\right)^2 + t\frac{\mathrm{d}y}{\mathrm{d}t} + y = 0, \tag{1.0.2}$$

都是常微分方程, 其中 y 是未知函数, t 是自变量.

如方程

$$\frac{\partial^2 T}{\partial x^2} + \frac{\partial^2 T}{\partial y^2} + \frac{\partial^2 T}{\partial z^2} = 0, \tag{1.0.3}$$

$$\frac{\partial^2 T}{\partial x^2} = 4\frac{\partial T}{\partial t}, \tag{1.0.4}$$

都是偏微分方程, 其中 T 是未知函数, x, y, z, t 都是自变量. 方程(1.0.3)含有三个自变量, 而方程(1.0.4)含有两个自变量.

本章先介绍几种常微分方程模型, 了解构造常微分方程模型的相应方法; 其次给出常微分方程的基本概念及相应的几何解释, 重点了解常微分方程的基本定理; 最后简要介绍常微分方程的发展史. 本书主要介绍常微分方程, 因此将常微分方程简称为 "微分方程" 或 "方程".

本章要关注的问题

- 什么是微分方程? 什么是解?

- 微分方程的基本定理有哪些? 如何使用?

- 微分方程发展史上各个阶段的研究主题是什么?

1.1 微分方程的模型应用

在自然科学和技术科学的各个领域中,都提出了大量的微分方程问题,下面我们从多角度给出一些微分方程的实际背景和应用.

例 1.1.1 自由落体运动的规律

自由落体运动是指物体在仅受地球引力的作用下,初速度为零的运动. 根据经典力学的牛顿第二定律: 物体动量的变化率与它受到的合外力成正比,其方向与合外力的方向一致. 设物体的运动速度为 v,其质量 m 是一个恒量. 于是这一运动定律能表达成

$$\frac{\mathrm{d}}{\mathrm{d}t}(m\boldsymbol{v}) = \boldsymbol{F} \text{ 或 } m\frac{\mathrm{d}\boldsymbol{v}}{\mathrm{d}t} = \boldsymbol{F}, \tag{1.1.1}$$

其中 $\boldsymbol{F}$ 表示物体所受的合外力.

由式(1.1.1), 对于仅受地球引力作用的自由落体运动, 有

$$\boldsymbol{F} = m\boldsymbol{g}, \boldsymbol{v} = \frac{\mathrm{d}\boldsymbol{S}}{\mathrm{d}t},$$

这里 $\boldsymbol{g}$ 表示重力加速度,$\boldsymbol{S}$ 表示自由落体运动的位移.

注意到 $\boldsymbol{S}$ 的方向与 $\boldsymbol{g}$ 的方向一致,我们可以得到自由落体运动路程大小变化的规律为

$$m\frac{\mathrm{d}^2 S}{\mathrm{d}t^2} = mg \text{ 或 } \frac{\mathrm{d}^2 S}{\mathrm{d}t^2} = g,$$

这个微分方程很简单,能够通过直接求积分的方法得到路程大小 S 随时间变化的规律.

例 1.1.2 单摆运动

单摆又称为钟摆或数学摆. 所谓单摆运动,是指一个质量为 $m(>0)$ 的小球,用长度为 l 的柔软细绳拴住,细绳的一端固定在某点 O 处,小球在铅垂平面内运动. 略去空气的阻力和细绳在 O 点处的摩擦力,并且认为细绳的长度 l 不变,仅考虑地球的引力和细绳对小球的拉力.

用 θ 表示细绳 l 和铅垂方向之间的夹角. 铅垂方向即小球的平衡方向,它对应的 θ 为零. 作用在小球上的重力大小为 mg,方向铅垂向下. 重力沿细绳方向的分力大小为 $mg \cdot \cos\theta$,方向沿细绳指向外. 这个力与细绳的拉力正好平衡,所以小球沿细绳方向没有运动. 重力在垂直于细绳方向的分力大小为 $mg \cdot \sin\theta$,方向与角 θ 增加的方向相反.

记 v 为小球运动速度的大小,则有

$$\frac{\mathrm{d}}{\mathrm{d}t}(mv) = -mg \cdot \sin\theta, \tag{1.1.2}$$

根据圆周运动规律有: $l \cdot \frac{\mathrm{d}\theta}{\mathrm{d}t} = v$, 于是从式(1.1.2)得出

$$l \cdot \frac{\mathrm{d}^2\theta}{\mathrm{d}t^2} = -g \cdot \sin\theta, \tag{1.1.3}$$

由于从方程(1.1.3)直接求 θ 随时间变化规律的解析表达式比较困难, 我们在 $|\theta|$ 比较小的时候, 对其进行线性化处理, 即用 θ 代替 $\sin\theta$, 或者说, 用 θ 近似 $\sin\theta$. 这样得到方程(1.1.3)的线性化微分方程

$$l \cdot \frac{\mathrm{d}^2\theta}{\mathrm{d}t^2} = -g \cdot \theta,$$

可从中求得 θ 随时间 t 变化的近似规律.

例 1.1.3 放射性物质的衰变

放射性物质的原子核很不稳定, 会自发地放出射线, 变为另一种原子核, 这种现象被称为放射衰变. 实验表明, 原子核数目为 N 的镭, 在单位时间内衰变的原子核数目与 N 成正比, 即

$$\frac{\mathrm{d}N}{\mathrm{d}t} = -\lambda N, \tag{1.1.4}$$

这里 $\lambda(>0)$ 是常数.

现在研究怎样求方程(1.1.4)的解, 移项得

$$\frac{\mathrm{d}N}{\mathrm{d}t} + \lambda N = 0,$$

因为 $\dfrac{\mathrm{d}}{\mathrm{d}t}\left(\mathrm{e}^{\lambda t}N\right) \equiv \mathrm{e}^{\lambda t}\left(\dfrac{\mathrm{d}N}{\mathrm{d}t} + \lambda N\right)$, 所以

$$\frac{\mathrm{d}}{\mathrm{d}t}(\mathrm{e}^{\lambda t}N) = 0,$$

从而得到

$$\mathrm{e}^{\lambda t}N = c \ (c \text{ 为任意常数}).$$

我们称

$$N = c\mathrm{e}^{-\lambda t}$$

是方程(1.1.4)的通解. 更进一步, 设在 $t = 0$ 时镭的原子核数目为 N_0, 即得到柯西问题

$$\begin{cases} \dfrac{\mathrm{d}N}{\mathrm{d}t} = -\lambda N, \\ N(0) = N_0, \end{cases} \tag{1.1.5}$$

则可以直接求出这时 $c = N_0$, 所以柯西问题(1.1.5)的特解为

$$N = N_0 \mathrm{e}^{-\lambda t}.$$

例 1.1.4 延时器的设计原理

气动延时器是利用恒容容器中气体排放规律设计的计时装置. 设容器中充满具有一定压强的气体, 从某时刻开始经过毛细管向外排放, 当容器中气体达到一定压强 p_1 时发

出信号, 达到计时的目的. 设初始时气体压强为 p_0, 在时刻 t 时气体压强为 $p(t)$, 根据实验, 它的变化速度与压差 $p(t) - q$ 成正比, 其中 q 是大气压强, 即

$$\frac{\mathrm{d}p(t)}{\mathrm{d}t} = -\lambda[p(t) - q], \quad p(0) = p_0, \tag{1.1.6}$$

这里 $\lambda(>0)$ 是常数, 它与毛细管的内径有关. 试问: 为了计测时间 T, 应如何选择 λ, 使得在 $t = T$ 时, 压强 $p(t)$ 的变化速度为最大? 这时的气体压强 p_1 称为发讯压强.

首先求解方程(1.1.6). 由于

$$\frac{\mathrm{d}}{\mathrm{d}t}\left\{\mathrm{e}^{\lambda t}[p(t) - q]\right\} \equiv \mathrm{e}^{\lambda t}\left\{\frac{\mathrm{d}p(t)}{\mathrm{d}t} + \lambda[p(t) - q]\right\} = 0,$$

所以

$$\mathrm{e}^{\lambda t}[p(t) - q] \equiv c (c\text{为任意常数}),$$

即

$$p(t) = q + c\mathrm{e}^{-\lambda t} (c\text{为任意常数}).$$

再根据 $p(0) = p_0$ 得 $c = p_0 - q$, 所以方程(1.1.6)的解为

$$p(t) = q + (p_0 - q)\mathrm{e}^{-\lambda t}.$$

由此, 可以计算在 T 时刻 $\dfrac{\mathrm{d}p(t)}{\mathrm{d}t}$ 的值:

$$\left.\frac{\mathrm{d}p}{\mathrm{d}t}\right|_{t=T} = -\lambda(p_0 - q)\mathrm{e}^{-\lambda T},$$

选取 λ 使得 $-\lambda(p_0 - q)\mathrm{e}^{-\lambda T}$ 达到最大值, 为此关于 λ 求导, 得

$$(p_0 - q)(\lambda T - 1)\mathrm{e}^{-\lambda T} = 0,$$

因此 $\lambda T = 1$ 时, p 在 $t = T$ 时的变化速度达到最大, 从而压强

$$p_1 = p(T) = q + (p_0 - q)\mathrm{e}^{-1}.$$

这就是说, 在设计时间为 T 的发讯装置时, 宜于选取毛细管, 使 $\lambda = \dfrac{1}{T}$, 从而发讯压强近似为

$$p_1 = 0.632q + 0.368p_0.$$

气动计时装置在由气动器件组成的控制仪表中有广泛应用, 这里只是谈谈设计时的基本原理.

例 1.1.5 导弹的导引规律

在导弹的制导过程中, 把导弹从某初始位置按照确定的准则引导至空中某位置是首先要考虑的问题. 常见的古典导引方法有以下几种:

1. 追踪法　设一目标 T 按直线飞行. 地面上发射一枚导弹 M 去拦截该目标. 假设目标和导弹的速率都是常数, 且它们的运动都发生在同一平面内, 导弹的速度永远指向目标的位置. 下面求目标与导弹的相对运动规律.

令 r 表示目标和导弹之间的瞬时距离, ϕ 表示目标的速度矢量与导弹质心-目标质心连线的夹角, v_M 表示导弹速度, v_T 表示目标速度, $v_T = |\boldsymbol{v}_T|$, $v_M = |\boldsymbol{v}_M|$, 下面这个方程组表示导弹追赶目标的一种运动规律,

$$\begin{cases} r' = v_T \cdot \cos\phi - v_M, \\ r\phi' = -v_T \cdot \sin\phi. \end{cases} \tag{1.1.7}$$

2. 平行接近法　设用导弹 M 去拦截空中一个按直线飞行的目标 T. 导弹和目标的速率都是常数, 并且它们的运动都在同一平面内发生. 这样控制导弹, 使视线在空间中保持固定方向. 下面求导弹拦截目标的运动规律.

令 γ_M 表示导弹指向与视线之间的夹角, γ_T 表示目标指向与视线之间的夹角.

由于视线方向保持固定, 所以 $\phi' = 0$. 导弹和目标的相对速度在视线方向和垂直于视线方向的投影分别为

$$\begin{cases} r' = v_T \cdot \cos\gamma_T - v_M \cdot \cos\gamma_M, \\ 0 = v_T \cdot \sin\gamma_T - v_M \cdot \sin\gamma_M, \end{cases} \tag{1.1.8}$$

其中 v_M 表示导弹速度, v_T 表示目标速度, $v_T = |\boldsymbol{v}_T|$, $v_M = |\boldsymbol{v}_M|$.

关系式(1.1.8)表示的微分方程组就是导弹拦截目标的又一种运动规律, 称为平行接近法.

3. 比例导引法　设导弹 M 拦截空中目标 T. 要求导弹指向的变化率与 ϕ 的变化率成正比. 下面求导弹拦截目标的运动规律.

假设导弹和目标的运动条件和上面 2 相同, 另 ϕ_M 是导弹的指向角. 有如下方程组:

$$\begin{cases} r' = v_T \cdot \cos\phi - v_M \cdot \cos(\phi - \phi_M), \\ r\phi' = -v_T \cdot \sin\phi + v_M \cdot \sin(\phi - \phi_M), \\ \phi'_M = \alpha\phi', \end{cases} \tag{1.1.9}$$

其中 α 为比例系数. 这个方程组描述了导弹追赶目标的另一种运动规律, 称为比例导引法.

注意到: $\phi_M = \alpha\phi + \phi_0$, 所以当 $\alpha = 1, \phi_0 = 0$ 时, 有 $\phi_M = \phi$. 这时微分方程组(1.1.9)就是微分方程组(1.1.7), 即这时比例导引法就是追踪法; 当 $\alpha = 1, \phi' = 0$ 时, 有 $\phi_M = $ 常数. 这种情况下, 微分方程组(1.1.9)就是微分方程组(1.1.8), 即这时比例导引法就是平行接近法.

例 1.1.6 稀释问题

一容器中最初有 v_0 升盐水溶液, 其中含盐 a 千克. 每升含 b 千克盐的溶液以 e 升/分的速度注入, 同时, 搅拌均匀的溶液以 f 升/分的速度流出. 那么在任何时刻 t, 容器中的含盐量如何表达?

设 Q 为在任何时刻容器中的含盐量 (单位是千克). Q 的变化率是 $\dfrac{dQ}{dt}$, 等于盐的注入率减去流出率. 盐的注入率是 be 千克/分, 要决定流出率, 我们先计算在任何时刻 t, 容器中溶液的体积, 它等于最初的体积 v_0 加上注入的体积 et 再减去流出的体积 ft. 于是, 在任何时刻, 盐水的体积是

$$v_0 + et - ft,$$

在任何时刻盐的浓度是 $\dfrac{Q}{v_0 + et - ft}$, 由此得盐的流出率是

$$f \frac{Q}{v_0 + et - ft} \text{千克/分},$$

于是稀释问题的微分方程为

$$\frac{dQ}{dt} = be - f \frac{Q}{v_0 + et - ft}.$$

或

$$\frac{dQ}{dt} + f \frac{Q}{v_0 + et - ft} = be.$$

例 1.1.7 农场主技术革新的推广

长期以来, 经济学家和社会学家们一直关注着如何在行业中推广技术改造或革新. 一旦一家企业采用了一项革新, 那么, 该行业中其他企业将以怎样的速度接受这项革新? 本例构造一个农场主推广技术革新的微分模型.

我们假设在 $t = 0$ 时, 一项新的革新被介绍到一个确定的拥有 N 个农场主的社会里. 设 $p(t)$ 表示 t 时刻采纳该项革新的农场主的数量. 尽管 $p(t)$ 显然是做整数变化的, 但是我们把它视为时间的连续函数. 同时, 关于革新的推广, 我们可以做一种最简单的实际假设: 对于一位尚未采纳某项革新的农场主来说, 只有当一位已经采用了这项革新的农场主与他谈论了这项革新之后, 他才可能会采纳. 于是, 在很短时间 Δt 内采纳这项革新的农场主数 Δp 与在此之前已经采纳了这项革新的农场主数 p, 以及还不知道这项革新的农场主数 $N - p$ 成正比. 因此, 对某个正常数 c, 有

$$\Delta p = cp(N - p)\Delta t,$$

或

$$\frac{\Delta p}{\Delta t} = cp(N - p).$$

令 $\Delta t \to 0$, 得微分方程

$$\frac{dp}{dt} = cp(N - p). \tag{1.1.10}$$

事实上, 我们假设一个农场主仅仅是通过与别的农场主接触才采用一项革新是过于简单的, 也不符合实际. 研究表明, 大量的通信宣传工具在采纳过程的前期阶段起了很大的作用. 所以, 我们需要在方程(1.1.10)中加上一项, 从而把这个因素考虑进去. 为计

算这一项, 我们假设在一个短时间 Δt 内, 通过大众通信宣传工具采用某项革新的农场主数 Δp 与还不知道这项革新的农场主数成比例, 即对某个正常数 c', 有

$$\Delta p = c'(N-p)\Delta t.$$

令 $\Delta t \to 0$, 我们看到, 单位时间内有 $c'(N-p)$ 个农场主通过大众通信宣传工具采用这项革新, 得到微分方程

$$\frac{\mathrm{d}p}{\mathrm{d}t} = cp(N-p) + c'(N-p). \tag{1.1.11}$$

在 20 世纪初叶, 一些主要的技术革新在烟煤、钢铁、酿造及铁路等不同行业中被采纳的速率也受微分方程(1.1.11) 的控制.

例 1.1.8 *市场价格形成的动态过程*

如果不考虑商品价格形成的动态过程, 那么商品的市场价格应该能保证市场供需的平衡. 作为一个最一般与最简单的经济规律来说, 使得商品的供给与需求相对均衡的价格被称为 (静态) 均衡价格.

一般来说, 实际的市场价格不会恰好等于均衡价格, 而且价格也不会是静态的, 而应该是时间 t 的函数. 价格形成的过程往往是一个通过市场的不断自动调节而使市场价格逐步趋于均衡价格的过程. 具体地说, 假设在某一时刻 t_0, 有一非均衡价格 P_0, 那么此时存在 (正的或负的) 供需差, 此供需差促使价格变动, 而对新形成的价格又有新的供需差. 如此不断调节, 就构成市场价格形成的动态过程. 现就以上描述的价格形成过程建立动态的微分方程数学模型.

上述问题是数理经济学中的基本问题. 它不能像物理中那样精确地建立模型, 然后求得微分方程模型的解, 去准确地反映或预见一些物理现象. 对经济学中的问题, 我们只能近似地建立数学模型, 提出一些对规律的分析与假想, 以建立这个动态过程的微分方程模型, 然后求得方程的解, 再将理论的结果与实际的动态情况比较, 以判断近似模型的好坏并决定是否采纳.

自变量取时间 t, 未知函数取商品价格, 现做一种简单的模拟近似, 即认为价格的变化正比于需求与供给之差. 例如, 对一种商品的情形, 有方程

$$\frac{\mathrm{d}P}{\mathrm{d}t} = a[f(P,r) - g(P)], \tag{1.1.12}$$

其中 a 为正常数, r 为消费者的收入, $f(P,r)$ 为已知的需求函数, $g(P)$ 为已知的供给函数, 显然方程(1.1.12)是一阶非线性微分方程.

如果需求函数及供给函数为线性的, 则(1.1.12)变为

$$\frac{\mathrm{d}P}{\mathrm{d}t} = a(-aP + b - cP + d) = -a(a+c)P + a(b+d). \tag{1.1.13}$$

显然, 此时方程(1.1.13)为一阶常系数线性微分方程. 对方程(1.1.13)的求解和市场价格形成的动态数学模型的分析将在后面章节中给出.

例 1.1.9 开普勒的行星绕日运动三定律

牛顿万有引力定律: 两个天体之间具有吸引力, 吸引力的大小与两个天体的距离的平方成反比, 与它们的质量成正比, 即

$$\boldsymbol{F} = -G\frac{Mm}{|\boldsymbol{r}|^2} \cdot \frac{\boldsymbol{r}}{|\boldsymbol{r}|}, \tag{1.1.14}$$

这里 G 是万有引力常数, M, m 分别表示两个天体的质量, $\boldsymbol{r}$ 是 M, m 两点的距离向量, $|\boldsymbol{r}|$ 就是它们之间的距离.

为推出开普勒三定律, 不妨就设太阳的质量为 M, 行星的质量为 m, $\boldsymbol{r}$ 是位置向量, t 是时间. 由于太阳系中行星的总质量远远小于 M, 所以忽略其他行星的作用, 同时认为太阳是静止的. 这是一种近似, 从而若把坐标系的原点取在太阳上, 那么就建立了一个惯性坐标系. 于是由已知行星的运行速度为 $\dfrac{\mathrm{d}\boldsymbol{r}}{\mathrm{d}t}$, 利用牛顿力学的第二定律, 动量随时间的变化率等于合外力, 其数学表达形式就是微分方程

$$\frac{\mathrm{d}}{\mathrm{d}t}(m\frac{\mathrm{d}\boldsymbol{r}}{\mathrm{d}t}) = \boldsymbol{F}. \tag{1.1.15}$$

将关系式 (1.1.14) 带入方程 (1.1.15) 得到

$$\frac{\mathrm{d}}{\mathrm{d}t}(m\frac{\mathrm{d}\boldsymbol{r}}{\mathrm{d}t}) = -G\frac{Mm}{|\boldsymbol{r}|^2} \cdot \frac{\boldsymbol{r}}{|\boldsymbol{r}|}, \tag{1.1.16}$$

这便是行星绕太阳、月球绕地球、人造卫星绕地球等天体运动的微分方程. 并且将微分方程 (1.1.16) 解出, 可以得到开普勒 (Kepler) 由实测数据总结出来的行星绕日运动三定律, 即

(1) 行星是在以太阳为焦点的一个椭圆轨道上运动的;
(2) 行星到太阳的向径扫过的面积, 与时间成正比;
(3) 行星周期 T 的平方与行星椭圆轨道的半长轴的三次方成正比.

例 1.1.10 物体冷却过程的数学模型

将某物体放置于空气中, 在时刻 $t = 0$ 时, 测量它的温度为 $u_0 = 150°C$, 10 分钟后测量的温度为 $u_1 = 100°C$. 我们要求此物体的温度 u 和时间 t 的关系, 并计算 20 分钟后物体的温度. 这里我们假设空气的温度保持为 $u_a = 24°C$.

为了解决上述问题, 需要了解有关热力学的一些基本规律. 例如, 热量总是从温度高的物体向温度低的物体传导; 在一定的温度范围内 (包括上述问题的温度), 一个物体的温度变化速度与这一物体的温度和其所在介质温度的差值成比例. 这是已被实验证明了的牛顿冷却定律.

设物体在时刻 t 的温度为 $u = u(t)$, 则温度的变化速度以 $\dfrac{\mathrm{d}u}{\mathrm{d}t}$ 来表示. 注意到热量总是从温度高的物体向温度低的物体传导, 因而 $u_0 > u$, 所以温差 $u - u_a$ 恒正; 又因物体将随时间而逐渐冷却, 故温度变化速度 $\dfrac{\mathrm{d}u}{\mathrm{d}t}$ 恒负. 因此由牛顿冷却定律得到

$$\frac{\mathrm{d}u}{\mathrm{d}t} = -k(u - u_a), \tag{1.1.17}$$

其中 $k(>0)$ 是比例常数. 方程(1.1.17)就是物体冷却过程的数学模型, 它含有未知函数 u 及它的一阶导数 $\dfrac{\mathrm{d}u}{\mathrm{d}t}$, 这样的方程我们称为"一阶"微分方程.

为了决定物体的温度 u 和时间 t 的关系, 我们要从方程(1.1.17)中"解出"u. 注意到 u_a 是常数, 且 $u - u_a > 0$, 可将其改写成

$$\frac{\mathrm{d}(u-u_a)}{u-u_a} = -k\mathrm{d}t,$$

这样, 变量 u 和 t 被分离开来了. 两边积分, 得到

$$\ln(u-u_a) = -kt + \bar{c},$$

这里 $\bar{c}$ 为任意常数, 根据对数的定义, 得到

$$u - u_a = \mathrm{e}^{-kt+\bar{c}}.$$

由此, 令 $\mathrm{e}^{\bar{c}} = c$ 即得

$$u = u_a + c\mathrm{e}^{-kt}. \tag{1.1.18}$$

根据"初值条件":当 $t = 0$ 时,$u = u_0$, 容易确定常数 c 的数值. 为此, 将 $t = 0$ 和 $u = u_0$ 代入式(1.1.18)得到

$$c = u_0 - u_a,$$

于是

$$u = u_a + (u_0 - u_a)\mathrm{e}^{-kt}, \tag{1.1.19}$$

如果 k 的数值确定了, 式(1.1.19)就完全解决了温度 u 与时间 t 的关系.

根据条件 $t = 10, u = u_1$ 得到

$$u_1 = u_a + (u_0 - u_a)\mathrm{e}^{-10k},$$

由此

$$k = \frac{1}{10}\ln\frac{u_0-u_a}{u_1-u_a},$$

将给定的 $u_0 = 150, u_1 = 100$ 和 $u_a = 24$ 代入, 得到

$$k = \frac{1}{10}\ln\frac{126}{76} \approx 0.051,$$

从而

$$u = 24 + 126\mathrm{e}^{-0.051t}, \tag{1.1.20}$$

这样, 根据方程(1.1.20), 就可以计算出任意时刻 t 时物体的温度 u 的数值了. 例如 20 分钟后物体的温度就是 $u_2 \approx 70°C$. 方程还告诉我们, 当 $t \to +\infty$ 时, $u \to 24°C$, 这可以解释为: 经过一段时间后, 物体的温度和空气的温度将会没有任何差别. 事实上, 经过 2

小时后, 物体的温度将变为 24.3°C, 与空气的温度已相当接近. 而经过 3 小时后, 物体的温度为 24.01°C, 我们的一些测量仪器已测不出它与空气的温度差别. 实际上, 人们认为这时物体的冷却过程已基本结束. 所以, 经过一段时间后 (比如 3 小时后), 可以认为物体的温度和空气的温度没有任何差别了.

我们从例1.1.9、例1.1.10中可以大体看出用微分方程解决实际问题的基本步骤:

(1) 建立实际问题的数学模型, 也就是建立反映这个实际问题的微分方程并提出相应的定解条件;

(2) 求解这个微分方程, 或者对方程解的性态进行分析;

(3) 用所得的数学结果解释实际问题, 从而预测某些物理过程的特定性质, 以便达到能动地改造世界, 解决实际问题的目的.

建立实际问题的数学模型一般是比较困难的, 因为这需要对与问题有关的自然规律有一个清晰的了解 (例如, 例1.1.10中就要了解热力学中的牛顿冷却定律), 同时需要有一定的数学知识. 为了建立实际问题的数学模型, 读者一定要学习有关的自然科学和工程技术的专业知识. 微分方程往往可以看作是各种不同物理现象的数学模型. 我们在建立微分方程时, 只考虑影响这一物理现象的一些主要因素, 把其他一些次要因素忽略掉. 如果的确考虑到了那些最主要的因素, 那么, 我们得到的微分方程, 它的解和所考虑的物理现象就是比较接近的. 这时, 我们得到的数学模型是有用的. 否则, 我们还应该考虑一些其他因素, 以便建立更为有效、合理的数学模型.

不同的物理现象可以具有相同的数学模型这一事实, 正是现代许多应用数学工作者和工程人员应用模拟方法解决物理或工程问题的理论根据. 例如, 现在利用电路来模拟某些力学系统或机械系统等已相当普遍.

以上我们只列举出了微分方程的一些物理背景, 其实在自然科学和技术科学的其他领域中, 如化学、生物学、自动控制、电子技术等, 都提出了大量的微分方程问题. 同样, 在社会科学的一些领域中也存在着微分方程问题, 因此社会中的生产实践是微分方程理论取之不尽的基本源泉. 此外, 微分方程与数学的其他分支的关系也是非常密切的, 它们往往互相联系、互相促进. 例如, 几何学就是微分方程理论的丰富源泉之一和有力工具. 考虑到微分方程是一门与实际联系比较密切的数学课程, 我们自然应该注意它的实际背景与应用; 而作为一门数学基础课程, 我们又应该把重点放在应用数学方法研究微分方程本身的问题上. 因此, 读者不应该忽视本课程中所列举出的实际例子及有关习题, 并从中注意培养解决实际问题的初步能力. 但是, 按照课程的要求, 我们要把主要的注意力集中到弄清微分方程的一些基本理论和掌握各种类型方程的求解方法这两方面, 这是本课程的重点, 也是我们解决实际问题的必要工具.

1.2 基本概念

若微分方程中的自变量与未知函数均为实值, 则称为**实值微分方程**; 若未知函数为复值或自变量与未知函数均为复值, 则称为**复值微分方程**. 本书只讨论实值微分方程.

1. 微分方程的阶

微分方程中出现的未知函数最高阶导数的阶数称为微分方程的**阶**. 前面提到的方程

(1.0.1)是二阶微分方程.

n 阶微分方程的一般形式可表示为

$$F(x, y, \frac{dy}{dx}, \cdots, \frac{d^n y}{dx^n}) = 0, \tag{1.2.1}$$

这里 $F(x, y, \frac{dy}{dx}, \cdots, \frac{d^n y}{dx^n})$ 是 $x, y, \frac{dy}{dx}, \cdots, \frac{d^n y}{dx^n}$ 的已知函数, 而且一定含有 $\frac{d^n y}{dx^n}$, y 是未知函数, x 是自变量.

2. 线性和非线性

如果方程(1.2.1)的左端为 y 及 $\frac{dy}{dx}, \cdots, \frac{d^n y}{dx^n}$ 的一次有理整式, 则称方程(1.2.1)为 n 阶线性微分方程. 例如, 方程(1.0.1)是二阶线性微分方程. 一般 n 阶线性微分方程具有形式

$$\frac{d^n y}{dx^n} + a_1(x)\frac{d^{n-1} y}{dx^{n-1}} + \cdots + a_{n-1}\frac{dy}{dx} + a_n(x)y = f(x),$$

这里 $a_1(x), \cdots, a_n(x), f(x)$ 是 x 的已知函数.

不是线性微分方程的方程称为非线性微分方程, 例如方程

$$\frac{d^2 \varphi}{dt^2} + \frac{g}{l}\sin\varphi = 0$$

是二阶非线性微分方程, 而方程(1.0.2)是一阶非线性微分方程.

3. 解和隐式解

如果函数 $y = \varphi(x)$ 代入方程(1.2.1)后, 能使它变为恒等式, 则称函数 $y = \varphi(x)$ 为方程(1.2.1)的**解**. 例如, 在例1.1.10中, 函数 $u = u_a + (u_0 - u_a)e^{-kt}$ 就是方程(1.1.17)的解. 如果关系式 $\phi(x, y) = 0$ 决定的隐函数 $y = \varphi(x)$ 是方程(1.2.1)的解, 我们称 $\phi(x, y) = 0$ 为方程(1.2.1)的**隐式解**. 例如, 一阶微分方程

$$\frac{dy}{dx} = -\frac{x}{y}, \tag{1.2.2}$$

有解 $y = \sqrt{1-x^2}$ 和 $y = -\sqrt{1-x^2}$; 而关系式

$$x^2 + y^2 = 1$$

就是方程(1.2.2)的隐式解, 为了简单起见, 以后我们不把解和隐式解加以区别, 统称为方程的解.

4. 通解和特解

我们把含有 n 个独立的任意常数 $c_1, c_2, \cdots, c_n$ 的解

$$y = \varphi(x, c_1, c_2, \cdots, c_n)$$

称为 n 阶方程(1.2.1)的**通解**. 同样, 可以定义 n 阶方程(1.2.1)的隐式通解. 为了简单起见, 以后我们也不把通解和隐式通解加以区别, 统称为方程的通解. 当任意常数被完全确定时会相应得到一个特定的解, 称为微分方程的**特解**. 为了确定微分方程的一个特解, 我们通常给出这个解所必须满足的条件, 这就是所谓的定解条件. 常见的定解条件是初

值条件和边值条件. 所谓 n 阶微分方程(1.2.1)的初值条件, 是指如下 n 个条件: 当 $x = x_0$ 时,

$$y = y_0, \frac{\mathrm{d}y}{\mathrm{d}x} = y_0^{(1)}, \cdots, \frac{\mathrm{d}^{n-1}y}{\mathrm{d}x^{n-1}} = y_0^{(n-1)}, \tag{1.2.3}$$

这里 $x_0, y_0, y_0^{(1)}, \cdots, y_0^{(n-1)}$ 是给定的 $n+1$ 个常数, 初值条件(1.2.3)有时写为

$$y(x_0) = y_0, \frac{\mathrm{d}y(x_0)}{\mathrm{d}x} = y_0^{(1)}, \cdots, \frac{\mathrm{d}^{n-1}y(x_0)}{\mathrm{d}x^{n-1}} = y_0^{(n-1)}.$$

求微分方程满足定解条件的解, 就是所谓**定解问题**. 当定解条件为初值条件时, 相应的定解问题, 就称为**初值问题**. 本书主要讨论初值问题.

初值条件不同, 对应的特解也不同. 一般来说, 特解可以通过初值条件的限制, 从通解中确定任意常数而得到. 例如, 在例1.1.10中, 含有一个任意常数 c 的解

$$u = u_a + c\mathrm{e}^{-kt}$$

就是一阶方程(1.1.17)的通解, 而

$$u = u_a + (u_0 - u_a)\mathrm{e}^{-kt}$$

就是满足初值条件当 $t = 0$ 时, $u = u_0$ 的特解. 特解(1.1.19)可以在通解(1.1.18)中令 $c = u_0 - u_a$ 而得到.

容易验证, 二阶微分方程

$$\frac{\mathrm{d}^2 y}{\mathrm{d}x^2} + 5\frac{\mathrm{d}y}{\mathrm{d}x} + 4y = 0$$

的通解为

$$y = c_1 \mathrm{e}^{-x} + c_2 \mathrm{e}^{-4x}, \tag{1.2.4}$$

这里 c_1, c_2 为任意常数. 满足初值条件

$$y(0) = 2, \frac{\mathrm{d}y(0)}{\mathrm{d}x} = 1$$

的特解为

$$y = 3\mathrm{e}^{-x} - \mathrm{e}^{-4x},$$

可以在通解(1.2.4)中令 $c_1 = 3, c_2 = -1$ 而得到.

5. 积分曲线

一阶微分方程

$$\frac{\mathrm{d}y}{\mathrm{d}x} = f(x, y) \tag{1.2.5}$$

的解 $y = \varphi(x)$ 代表 xOy 平面上的一条曲线, 称为微分方程的**积分曲线**. 而微分方程(1.2.5)的通解 $y = \varphi(x, C)$ 对应于 xOy 平面上的一族曲线, 我们称这族曲线为积分曲

线族. 满足初值条件 $y(x_0) = y_0$ 的特解就是通过点 (x_0, y_0) 的一条积分曲线. 此外, 方程(1.2.5)的积分曲线上的每一点 (x, y) 处的切线斜率 $\dfrac{\mathrm{d}y}{\mathrm{d}x}$ 刚好等于函数 $f(x, y)$ 在这点的值, 也就是说, 积分曲线上的每一点 (x, y) 及这点处的切线斜率 $\dfrac{\mathrm{d}y}{\mathrm{d}x}$ 恒满足方程(1.2.5); 反之, 如果一条曲线上每点的切线斜率刚好等于函数 $f(x, y)$ 在这点的值, 则这条曲线就是方程(1.2.5)的积分曲线, 参见图1.1.

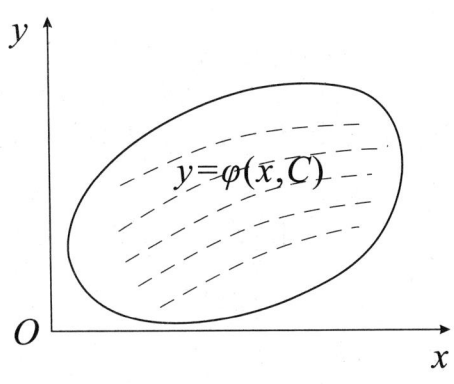

图 1.1　积分曲线族

习题

1. 指出下面微分方程的阶数, 并回答方程是否为线性的:
(1) $\dfrac{\mathrm{d}y}{\mathrm{d}x} = 4x^2 - y$;
(2) $\dfrac{\mathrm{d}^2 y}{\mathrm{d}x^2} - (\dfrac{\mathrm{d}y}{\mathrm{d}x})^2 + 12xy = 0$;
(3) $(\dfrac{\mathrm{d}y}{\mathrm{d}x})^2 + x\dfrac{\mathrm{d}y}{\mathrm{d}x} - 3y^2 = 0$;
(4) $\sin(\dfrac{\mathrm{d}y}{\mathrm{d}x})^2 + \mathrm{e}^y = x$.

2. 验证下列各函数是相应微分方程的解:
(1) $y = \sin x, \dot{y} + y^2 - 2y\sin x + \sin^2 x - \cos x = 0$;
(2) $y = \dfrac{\sin x}{x}, x\dot{y} + y = \cos x$;
(3) $y = -\dfrac{g(x)}{f(x)}, \dot{y} = \dfrac{f'(x)}{g(x)} y^2 - \dfrac{g'(x)}{f(x)}$;
(4) $y = \mathrm{e}^x, \dot{y}\mathrm{e}^{-x} + y^2 - 2y\mathrm{e}^x = 1 - \mathrm{e}^{2x}$.

3. 给定一阶微分方程 $\dfrac{\mathrm{d}y}{\mathrm{d}x} = 2x$:
(1) 求出它的通解;
(2) 求通过点 $(1, 4)$ 的特解;
(3) 求出与直线 $y = 2x + 3$ 相切的解;
(4) 求出满足条件 $\int_0^1 y\mathrm{d}x = 2$ 的解;
(5) 绘出 (2)(3)(4) 中的解的图形.

4. 求微分方程 $\dot{y} + x\dot{y}^2 - y = 0$ 的直线积分曲线.

1.3 解的存在性与唯一性

微分方程来源于实际问题, 而实际问题往往是带有定解条件的微分方程. 本节考虑带有初值条件的微分方程, 即初值问题. 结合实际问题, 在求解之前需要确定解的存在性, 如果解是唯一的, 解释解的实际意义才会更有理论价值. 这就产生一个问题: 在不求解的前提条件下, 如何判断初值问题中解的存在性及唯一性? 求解微分方程的目的就是为了得到某一变化过程中变量的变化规律. 在 19 世纪 20 年代, 法国数学家柯西(Cauchy) 首次考虑了这个问题, 因此初值问题也称为柯西问题.

初值问题为

$$\begin{cases} \dfrac{dy}{dx} = f(x,y), \\ y(x_0) = y_0, \end{cases} \tag{1.3.1}$$

其中 $f(x,y)$ 称为右端函数, 并且是矩形区域

$$R : |x - x_0| \leqslant a, |y - y_0| \leqslant b$$

上的连续函数.

如果有常数 $L(>0)$, 使得不等式

$$|f(x,y_1) - f(x,y_2)| \leqslant L|y_1 - y_2|$$

对于 R 上任意两点 (x,y_1) 和 (x,y_2) 都成立, 则称右端函数 $f(x,y)$ 在 R 上关于 y 满足**利普希茨 (Lipschitz) 条件**, L 称为利普希茨常数.

定理 1.3.1 (Peano 存在性定理) 如果方程(1.3.1)的右端函数 $f(x,y)$ 在闭矩形域 R 上连续, 则初值问题(1.3.1)在区间 $[x_0 - h, x_0 + h]$ 上至少存在一个解, 其中

$$h = \min(a, \frac{b}{M}), \quad M = \max_{(x,y) \in R} |f(x,y)|.$$

定理证明略.

定理 1.3.2 (解的存在唯一性定理) 如果方程(1.3.1)的右端函数 $f(x,y)$ 在闭矩形域 R 上连续而且关于 y 满足利普希茨条件, 则初值问题(1.3.1)在区间 $[x_0 - h, x_0 + h]$ 上存在唯一解 $y = \varphi(x)$ 满足 $\varphi(x_0) = y_0$. 其中 $h = \min(a, \dfrac{b}{M}), \quad M = \max_{(x,y) \in R} |f(x,y)|$.

在证明定理之前, 对于定理中的条件与结论先做三点说明.

1. 显然, 若右端函数 $f(x,y)$ 关于 y 满足利普希茨条件, 则 f 关于 y 连续.
2. 在具体问题中, 利普希茨条件往往难以验证, 因此通常会选择更为严格的, 但易于验证的条件来代替利普希茨条件, 即如果函数 $f(x,y)$ 在 R 上有对 y 的连续偏导数.

事实上, 如果 $\dfrac{\partial f}{\partial y}$ 在 R 上存在且连续, 则 $\dfrac{\partial f}{\partial y}$ 在 R 上有界, 即存在常数 $L(>0)$, $\left|\dfrac{\partial f}{\partial y}\right| \leqslant L$. 进而由拉格朗日中值定理可得

$$|f(x,y_1) - f(x,y_2)| = \left|\dfrac{\partial f(x,\xi)}{\partial y}\right| |y_1 - y_2| \leqslant L|y_1 - y_2|,$$

其中 ξ 满足 $y_1 < \xi < y_2$, 因此 $(x,\xi) \in R$.

3. 存在唯一性定理中 h 的几何意义. 以 $h = \dfrac{b}{M}$ 为例说明, 参见图1.2. 定理1.3.2表明初值问题 (1.3.1)的解 $y = \varphi(x)$ 存在, 即过点 $P(x_0, y_0)$ 的积分曲线为 $y = \varphi(x)$. 由于 $M = \max\limits_{(x,y)\in R} |f(x,y)|$, 则积分曲线为 $y = \varphi(x)$ 的切线斜率介于直线 BD 和 AC 的斜率 M 与 $-M$ 之间, 易知当 $x \in [x_0 - h, x_0 + h]$ 时积分曲线 $y = \varphi(x)$ 包含在由三角形 APD 和三角形 BPC 形成的区域内, 从而也包含在矩形区域 R 内.

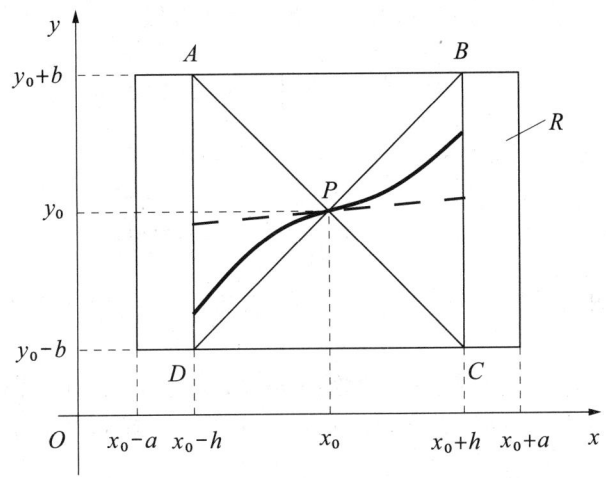

图 1.2 存在唯一性定理中 h 的几何意义

证: 证明过程分为如下五步, 其中前四步为证明解的存在性, 第五步为证明解的唯一性.

第 1 步: 构造与初值问题 (1.3.1)等价的积分方程

积分方程是在积分号下含有未知函数的一类函数方程. 求初值问题的解 $y = \varphi(x), x \in [x_0 - h, x_0 + h]$, 等价于求如下积分方程

$$y = y_0 + \int_{x_0}^{x} f(s, y)\mathrm{d}s \tag{1.3.2}$$

在区间 $[x_0 - h, x_0 + h]$ 上的连续解.

事实上, 如果 $y = \varphi(x)$ 是初值问题(1.3.1)的解, 即有

$$\varphi'(x) \equiv f(x, \varphi(x)), \varphi(x_0) = y_0. \tag{1.3.3}$$

由 x_0 到 x 积分式(1.3.3)就得到恒等式

$$\varphi(x) = y_0 + \int_{x_0}^{x} f(s, \varphi(s))\mathrm{d}s, \tag{1.3.4}$$

即 $y = \varphi(x)$ 也是积分方程(1.3.2)的解.

反之, 如果连续函数 $y = \varphi(x)$ 是积分方程(1.3.2)的解, 即有恒等式(1.3.4)成立. 由于函数 $f(x, \varphi(x))$ 是连续的, 因此由恒等式(1.3.4)知函数 $y = \varphi(x)$ 是连续函数. 进而对恒等式(1.3.4)两端求导可得恒等式(1.3.3)及初值条件 $\varphi(x_0) = y_0$. 这表明函数 $y = \varphi(x)$ 也是微分方程初值问题(1.3.1)的解.

第 2 步: 构造逐次逼近序列

任取一个满足初始条件 $y(x_0) = y_0$ 的函数 $y = \varphi_0(x)$, 且此函数图像当 $x \in [x_0 - h, x_0 + h]$ 时不超出 R. 不妨就取 $\varphi_0(x) \equiv y_0$, 将它代入方程(1.3.2)的右端, 所得函数 $y(x)$ 用 $\varphi_1(x)$ 表示, 称之为方程解的一次近似, 即

$$\varphi_1(x) = y_0 + \int_{x_0}^{x} f(s, \varphi_0(s)) \mathrm{d}s,$$

再将 $\varphi_1(x)$ 代入方程(1.3.2)的右端, 即得解的二次近似

$$\varphi_2(x) = y_0 + \int_{x_0}^{x} f(s, \varphi_1(s)) \mathrm{d}s,$$

继续这个步骤可以得到 n 次近似

$$\varphi_n(x) = y_0 + \int_{x_0}^{x} f(s, \varphi_{n-1}(s)) \mathrm{d}s, \tag{1.3.5}$$

我们用数学归纳法证明当 $|x - x_0| \leqslant h$ 时, 有 $|\varphi_n(x) - y_0| \leqslant b$ $(n = 1, 2, \cdots)$, 即曲线 $y = \varphi_n(x)$ 在 R 之中.

已知 $\varphi_0(x) \equiv y_0$ 的图像不超出闭矩形域 R, 假定 $\varphi_{n-1}(x)$ 的图像也不超出闭矩形域 R, 即当 $x \in [x_0 - h, x_0 + h]$ 时有 $|\varphi_{n-1}(x) - y_0| \leqslant b$, 由式 (1.3.5) 有

$$\varphi_n(x) - y_0 = \int_{x_0}^{x} f(s, \varphi_{n-1}(s)) \mathrm{d}s.$$

从而得

$$|\varphi_n(x) - y_0| \leqslant \left| \int_{x_0}^{x} |f(s, \varphi_{n-1}(s))| \mathrm{d}s \right|,$$

因为已假设当 $|x - x_0| \leqslant h$ 时, 有 $|\varphi_{n-1}(x) - y_0| \leqslant b$, 所以根据定理中函数 $f(x, y)$ 的连续性, 以及 $h \leqslant \dfrac{b}{M}$ 可得

$$|\varphi_n(x) - y_0| \leqslant M|x - x_0| \leqslant Mh \leqslant b,$$

这样, 我们在区间 $[x_0 - h, x_0 + h]$ 上通过逐次逼近得到了一个连续函数列

$$\varphi_1(x), \varphi_2(x), \cdots, \varphi_n(x) \cdots \tag{1.3.6}$$

第 3 步: 证明近似序列(1.3.6)在 $[x_0 - h, x_0 + h]$ 上一致收敛

考虑函数项级数

$$\varphi_0(x) + [\varphi_1(x) - \varphi_0(x)] + \cdots + [\varphi_n(x) - \varphi_{n-1}(x)] + \cdots, \tag{1.3.7}$$

其部分和

$$S_{n+1} = \varphi_0(x) + [\varphi_1(x) - \varphi_0(x)] + \cdots + [\varphi_n(x) - \varphi_{n-1}(x)] = \varphi_n(x),$$

因此, 只需证明级数收敛即可表明 $\lim\limits_{n \to +\infty} \varphi_n(x)$ 存在. 显然

$$\varphi_1(x) - \varphi_0(x) = \int_{x_0}^{x} f(s, \varphi_0(s)) \mathrm{d}s,$$

所以

$$|\varphi_1(x) - \varphi_0(x)| \leqslant |\int_{x_0}^{x} f(s, \varphi_0(s)) \mathrm{d}s| \leqslant M|x - x_0|,$$

由一次近似和二次近似的定义, 利用利普希茨条件可得

$$\begin{aligned}
|\varphi_2(x) - \varphi_1(x)| &= |\int_{x_0}^{x} [f(s, \varphi_1(s)) - f(s, \varphi_0(s))] \mathrm{d}s| \\
&\leqslant L|\int_{x_0}^{x} |\varphi_1(s) - \varphi_0(s)| \mathrm{d}s| \\
&\leqslant ML|\int_{x_0}^{x} |s - x_0| \mathrm{d}s| \\
&= ML \frac{|x - x_0|^2}{2!},
\end{aligned}$$

类似地, 可得

$$\begin{aligned}
|\varphi_3(x) - \varphi_2(x)| &\leqslant |\int_{x_0}^{x} [f(s, \varphi_2(s)) - f(s, \varphi_1(s))] \mathrm{d}s| \\
&\leqslant L|\int_{x_0}^{x} |\varphi_2(s) - \varphi_1(s)| \mathrm{d}s| \\
&\leqslant ML^2 |\int_{x_0}^{x} \frac{|s - x_0|^2}{2} \mathrm{d}s| \\
&= ML^2 \frac{|x - x_0|^3}{3!},
\end{aligned}$$

从而我们设下标为 n 时成立类似不等式, 即

$$|\varphi_n(x) - \varphi_{n-1}(x)| \leqslant ML^{n-1} \frac{|x - x_0|^n}{n!}, \tag{1.3.8}$$

则在下标为 $n+1$ 时, 此类不等式也成立, 事实上借助不等式(1.3.8)可得

$$\begin{aligned}
|\varphi_{n+1}(x) - \varphi_n(x)| &= |\int_{x_0}^{x} [f(s, \varphi_n(s)) - f(s, \varphi_{n-1}(s))] \mathrm{d}s| \\
&\leqslant L|\int_{x_0}^{x} |\varphi_n(s) - \varphi_{n-1}(s)| \mathrm{d}s| \\
&\leqslant ML^n |\int_{x_0}^{x} \frac{|s - x_0|^n}{n!} \mathrm{d}s| \\
&= ML^n \frac{|x - x_0|^{n+1}}{(n+1)!},
\end{aligned}$$

所以由上述归纳假设可知不等式(1.3.8)事实上对任意的 n 都成立.

注意到 $|x - x_0| \leqslant h$, 易知级数从第二项开始, 每一项绝对值都小于正项级数

$$Mh + ML \frac{h^2}{2!} + \cdots + ML^{n-1} \frac{h^n}{n!} + \cdots$$

的对应项, 而这个正项级数是收敛的, 所以由级数判别法可知, 函数项级数(1.3.7)是一致收敛的. 设其和式为 $\varphi(x)$, 从而近似序列 $\{\varphi_n(x)\}$ 在区间 $[x_0-h, x_0+h]$ 上一致收敛于 $\varphi(x)$. 又因为此数列每一项都是连续函数, 所以 $\varphi(x)$ 在区间 $[x_0-h, x_0+h]$ 上也是连续函数.

第 4 步: 证明所得的极限函数 $\varphi(x)$ 是积分方程(1.3.2)的解

对 $\forall \varepsilon > 0$, 因为 $\{\varphi_n(x)\}$ 在区间 $[x_0-h, x_0+h]$ 上一致收敛于 $\varphi(x)$, 所以存在自然数 N, 当 $n \geqslant N$ 时, 对 $\forall x \in [x_0-h, x_0+h]$ 都有

$$|\varphi_n(x) - \varphi(x)| < \frac{\varepsilon}{Lh},$$

进而有

$$\max_{x_0-h \leqslant x \leqslant x_0+h} |\varphi_n(x) - \varphi(x)| \leqslant \frac{\varepsilon}{Lh}.$$

于是, 再利用利普希茨条件得

$$\begin{aligned}
\left| \int_{x_0}^{x} [f(s, \varphi_n(s)) - f(s, \varphi(s))] \mathrm{d}s \right| &\leqslant L \left| \int_{x_0}^{x} |\varphi_n(s) - \varphi(s)| \mathrm{d}s \right| \\
&\leqslant Lh \max_{x_0-h \leqslant x \leqslant x_0+h} |\varphi_n(x) - \varphi(x)| \\
&\leqslant \varepsilon,
\end{aligned}$$

即得

$$\lim_{n \to +\infty} \int_{x_0}^{x} f(s, \varphi_n(s)) \mathrm{d}s = \int_{x_0}^{x} f(s, \varphi(s)) \mathrm{d}s.$$

于是, 我们可以对恒等式(1.3.5)两边取极限得到

$$\varphi(x) \equiv y_0 + \int_{x_0}^{x} f(s, \varphi(s)) \mathrm{d}s,$$

即表明 $\varphi(x)$ 是方程(1.3.2)的解, 从而也就是微分方程(1.3.1)的解.

第 5 步: 证明解的唯一性

(反证法) 假设满足方程(1.3.1)及其初值 $y(x_0) = y_0$ 的解有两个不同的解 $\varphi(x)$ 与 $\psi(x)$, 它们都满足初值 $y(x_0) = y_0$, 即 $\varphi(x_0) = \psi(x_0) = y_0$. 不失一般性, 设在 $[x_0, x_0+h]$ 上存在一点 x^* 满足 $\varphi(x^*) \neq \psi(x^*)$, 不妨设 $\varphi(x^*) < \psi(x^*)$. 于是由连续性知存在 $x_1 \in [x_0, x^*)$, 有 $\varphi(x_1) = \psi(x_1) = y_1$, 但当 $x \in [x_1, x^*]$ 时恒有 $\varphi(x) < \psi(x)$ 成立. 因为当 $x \in [x_1, x^*]$ 时有

$$\varphi(x) = y_1 + \int_{x_1}^{x} f(s, \varphi(s)) \mathrm{d}s, \quad \psi(x) = y_1 + \int_{x_1}^{x} f(s, \psi(s)) \mathrm{d}s,$$

上边两式做差得

$$\varphi(x) - \psi(x) \equiv \int_{x_1}^{x} [f(s, \varphi(s)) - f(s, \psi(s))] \mathrm{d}s,$$

则对任意的 $\sigma > 0$, $t_1 \leqslant x \leqslant x_1 + \sigma \leqslant x^*$, 记 $I = [x_1, x_1+\sigma]$, 有

$$\begin{aligned}
\widetilde{M} &= \max_{x \in I} |\varphi(x) - \psi(x)| \\
&\leqslant \max_{x \in I} \left| \int_{x_1}^{x} |f(s, \varphi(s)) - f(s, \psi(s))| \mathrm{d}s \right| \\
&\leqslant L \left| \int_{x_1}^{x} \widetilde{M} \mathrm{d}s \right| \\
&\leqslant L\widetilde{M}\sigma,
\end{aligned}$$

显然 $\widetilde{M} > 0$, 所以由上式得 $1 \leqslant L\sigma$. 但是, L 是已知固定常数, σ 是可以任意小的, 这导致矛盾. 这说明在区间 $[x_0 - h, x_0 + h]$ 上方程(1.3.2)的解是唯一的, 即微分方程初值问题(1.3.1)的解是唯一的.

关于定理的几点说明:

1. 逐次逼近法实际上也给出了一种求近似解的方法. 我们考察一下 n 次近似解 $\varphi_n(x)$ 与精确解 $\varphi(x)$ 间的误差估计. 即

$$\begin{aligned} |\varphi(x) - \varphi_n(x)| &\leqslant \sum_{k=n}^{\infty} |\varphi_{k+1}(x) - \varphi_k(x)| \leqslant \frac{M}{L} \sum_{k=n+1}^{\infty} \frac{L^k |x - x_0|^k}{k!} \\ &\leqslant \frac{M}{L} \sum_{k=n+1}^{\infty} \frac{(Lh)^k}{k!} < \frac{M}{L} \frac{(Lh)^{n+1}}{(n+1)!} \sum_{k=0}^{\infty} \frac{(Lh)^k}{k!} \\ &= \frac{M}{L} \frac{(Lh)^{n+1}}{(n+1)!} \mathrm{e}^{Lh}. \end{aligned}$$

2. 如果方程(1.3.1)是线性方程, 即

$$\frac{\mathrm{d}y}{\mathrm{d}x} = p(x)y + q(x), \tag{1.3.9}$$

其中 $p(x)$ 和 $q(x)$ 都是 $[\alpha, \beta]$ 上的连续函数, 则对任意初值 (x_0, y_0), $x_0 \in [\alpha, \beta]$, 方程(1.3.9)满足 $y(x_0) = y_0$ 的解在整个区间上都有定义且唯一. 事实上, 此时不难验证利普希茨条件满足, 并且我们总可以方便地延拓 $p(x), q(x)$ 和选取相应于定理1.3.2中的 a 及充分大的 b, 使得 $[\alpha, \beta] \subseteq [x_0 - a, x_0 + a]$ 与不等式 $\frac{b}{M} \leqslant a$ 满足, 其中 M 的定义与定理1.3.2 中的相同, 这样由定理1.3.2 即得结论.

3. 从两个定理可知右端函数 $f(x, y)$ 是连续的就能保证微分方程初值问题解的存在性. 然而连续条件却不能保证初值问题解的唯一性, 为了保证唯一性, 通常要求函数 $f(x, y)$ 满足利普希茨条件, 但这个条件并不是唯一性的必要条件 (事实上利普希茨条件相当于要求 $f(x, y)$ 是关于自变量 x 的次线性函数, 这并非一个足够弱的条件). 唯一性问题现在仍是一个开放性课题.

思考题 在定理中, 为何解的存在区间限制为 $[x_0 - h, x_0 + h]$ 而不是 $[x_0 - a, x_0 + a]$?

习题

1. 试用逐次逼近法求方程

$$\frac{\mathrm{d}x}{\mathrm{d}t} = t - x^2$$

满足初值条件 $x(0) = 0$ 的近似解 $\varphi_0(t)$, $\varphi_1(t)$, $\varphi_2(t)$, $\varphi_3(t)$.

2. 试分析方程

$$\frac{\mathrm{d}x}{\mathrm{d}t} = 3x^{\frac{2}{3}}$$

右端函数 $f(t, x) = 3x^{\frac{2}{3}}$ 在整个 tOx 平面上连续, 但是满足初值条件 $x(0) = 0$ 的解并不唯一.

3. 试证明方程
$$\frac{\mathrm{d}x}{\mathrm{d}t} = \begin{cases} 0, & x = 0, \\ x\ln|x|, & x \neq 0 \end{cases}$$

经过平面 tOx 上任一点的解都是唯一的, 但右端函数不满足利普希茨条件. (提示: 把平面上的点分三类进行讨论, 即 t 轴上半平面区域、t 轴下半平面区域及 t 轴)

4. 试证明定理1.3.2中的 n 次近似解与精确解有如下误差估计式:
$$|\varphi_n(x) - \varphi(x)| \leqslant \frac{ML^n}{(n+1)!}|x - x_0|^{n+1},$$

并利用此估计式估计第 1 题中三次近似 $\varphi_3(x)$ 在 $x = \frac{1}{2}$ 和 $x = 1$ 时的误差.

1.4 解的延拓与比较定理

上一节的定理证明了微分方程初值问题(1.3.1)满足初值条件 $y(x_0) = y_0$ 的解的存在区间为 $J = \{x||x - x_0| \leqslant h\}$, 但一般来说该存在区间的"长度"是"很小"的. 然而, 方程的右端函数 $f(x, y)$ 有意义的存在区域 D 可能比闭矩形域 R 大得多. 因此人们自然要问: 对于微分方程 (1.3.1)解的存在区间能否延拓? 能延拓到何处? 为此, 先看下边的例子.

例 1.4.1 试讨论微分方程
$$\frac{\mathrm{d}y}{\mathrm{d}x} = 1 + y^2$$

满足初值条件
$$y(0) = 0$$

的解的存在区间.

显然 $y = \tan x$ 是上述问题的一个特解, 它的存在区间是开区间 $-\frac{\pi}{2} < x < \frac{\pi}{2}$, 尽管方程的定义区间为全平面.

如果运用定理 1.3.2 所用的逐次逼近法, 矩形域 R 为
$$|x| \leqslant a, \quad |y| \leqslant b,$$

那么
$$\max_{(x,y) \in R} |1 + y^2| = 1 + b^2,$$

从而
$$h = \min\left(a, \frac{b}{1+b^2}\right).$$

但 $\frac{b}{1+b^2} \leqslant \frac{1}{2}$, 当 $b = 1$ 时等号成立.

如果取 $a \geqslant \frac{1}{2}$, $b = 1$, 那么由上式只能得到 $h = \frac{1}{2}$, 即只能肯定解的存在区间是 $|x| \leqslant \frac{1}{2}$, 不能断定解在 $-\frac{\pi}{2} < x < \frac{\pi}{2}$ 内存在.

显然，如果以 $(\frac{1}{2}, \tan\frac{1}{2})$ 为初值，利用定理1.3.2可以断定解的存在区间向右延拓了. 我们知道，向右延拓解的存在区间不能超过 $\frac{\pi}{2}$. 同样，向左不能超过 $-\frac{\pi}{2}$.

下面讨论初值问题(1.3.1)解的延拓.

定理 1.4.1（延拓定理）如果方程(1.3.1)右端函数 $f(x,y)$ 在（有界或无界）区域 D 上连续，且关于 y 满足局部利普希茨条件，则对于任意一点 $(x_0, y_0) \in D$，方程以 (x_0, y_0) 为初值的解均可以向左右延拓，直到 $(x, \varphi(x))$ 任意接近区域 D 的边界.

注意："$(x, \varphi(x))$ 任意接近区域 D 的边界" 是指当区域 D 有界时，积分曲线向左右延拓，可以任意接近边界上的点；当区域 D 无界时，积分曲线向左右延拓，或者任意接近有限边界，或者无限远离. 参见图1.3.

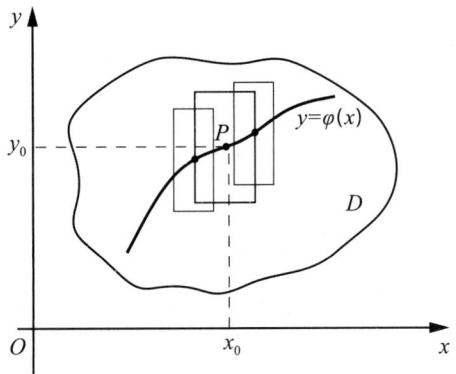

图 1.3 积分曲线 $y = \varphi(x)$ 向左右延拓

证： 首先，考虑区域 D 有界的情形.

设 D 的边界为 $L = \overline{D} - D$（$\overline{D}$ 为 D 的闭包）. 对任意小的 $\varepsilon > 0$，记 L 的 ε 开邻域为 U_ε. 于是，集合 $D^*_{\frac{\varepsilon}{2}} = D - U_{\frac{\varepsilon}{2}}$ 为一闭集. 易知 $D^*_{\frac{\varepsilon}{2}} \subset D$，且 $D^*_{\frac{\varepsilon}{2}}$ 有界.

只要能证明曲线 $y = \varphi(x)$ 可以达到 $D^*_{\frac{\varepsilon}{2}}$ 的边界 $L_{\frac{\varepsilon}{2}}$，也就证明了 $y = \varphi(x)$ 可以任意接近 L 了. 事实上，以 $D^*_{\frac{\varepsilon}{2}}$ 的任意一点为中心，以 $\frac{\varepsilon}{4}$ 为半径的闭圆域均在 D 之内，且在闭域 $D^*_{\frac{\varepsilon}{4}} = D - U_{\frac{\varepsilon}{4}}$ 之内. 从而，以 $D^*_{\frac{\varepsilon}{2}}$ 的任意一点为中心，以 $\frac{\sqrt{2}\varepsilon}{4}$ 为边长的正方形也应在 $D^*_{\frac{\varepsilon}{4}}$ 之内. 记 $M_1 = \max\limits_{(x,y) \in D^*_{\frac{\varepsilon}{4}}} |f(x,y)|$，则过 $D^*_{\frac{\varepsilon}{2}}$ 的任意一点 (x^*, y^*) 的积分曲线必至少可在区间 $[x^* - h, x^* + h]$ 上存在，其中

$$h = \min\{\frac{\sqrt{2}}{8}\varepsilon, \frac{\sqrt{2}}{8M_1}\varepsilon\}.$$

于是，过点 (x_0, y_0) 的积分曲线 $y = \varphi(x)$ 每向右或向左延拓一次，其存在区间就延长 h. 只要 $y = \varphi(x)$ 尚在 $D^*_{\frac{\varepsilon}{2}}$ 内就仍可向左及向右延拓. 由于 $D^*_{\frac{\varepsilon}{2}}$ 有界，$y = \varphi(x)$ 经过有限次延拓后，一定可以达到 $D^*_{\frac{\varepsilon}{2}}$ 的边界 $L_{\frac{\varepsilon}{2}}$. 于是 D 有界情形得证.

其次，证 D 无界的情形.

这时我们考虑 D 与闭圆域

$$S_n : x^2 + y^2 \leqslant n^2, n = 1, 2, \cdots$$

的交集 $D_n = D \cap S_n$. D_n 的边界上的点或者为 D 的边界点,或者为 S_n 圆周上的点. 同时有 $D = \bigcup_{n=1}^{\infty} D_n$, 根据前面的论证, 过 D_n 内任意一点的积分曲线能够任意接近 D_n 的边界. 于是, 过 (x_0, y_0) 的积分曲线 $y = \varphi(x)$ 或者保持在某个圆域之内延拓而无限接近 D 的边界, 或者可越出任意大的圆域 S_n 而无限远离. 定理证毕.

定理 1.4.2 设微分方程

$$\frac{\mathrm{d}y}{\mathrm{d}x} = f(x, y) \tag{1.4.1}$$

的右端函数 $f(x, y)$ 在条形区域

$$S: \alpha < x < \beta, \quad -\infty < y < +\infty$$

内连续,且满足不等式

$$|f(x, y)| \leqslant A(x)|y| + B(x), \tag{1.4.2}$$

其中 $A(x)$ 和 $B(x)$ 取非负值并且在区间 (α, β) 上连续, 则微分方程 (1.4.1) 的每一个解都以区间 (α, β) 为最大存在区间.

证: 设微分方程 (1.4.1) 满足初值条件 $y(x_0) = y_0$, $(x_0, y_0) \in S$ 的一个解为 $\Gamma : y = y(x)$. 要证 Γ 的最大存在区间为 (α, β), 先证它的右侧最大存在区间为 $[x_0, \beta)$. 假设不然, 令它的右侧最大存在区间为 $[x_0, \beta_0)$, 其中 β_0 是一个常数, $x_0 < \beta_0 < \beta$.

我们在 β_0 的两侧分别取常数 x_1 和 x_2, 使得

$$x_0 < x_1 < \beta_0 < x_2 < \beta,$$

而且

$$x_2 - x_1 < x_1 - x_0,$$

在有限闭区间 $[x_0, x_2]$ 上函数 $A(x)$ 和 $B(x)$ 是连续有界的. 令 A_0 和 B_0 分别是它们正的上界, 再利用不等式 (1.4.2), 我们得到

$$|f(x, y)| \leqslant A_0|y| + B_0, x_0 < x < x_2, -\infty < y < +\infty, \tag{1.4.3}$$

而且不妨设正数

$$a_1 = x_2 - x_1 < \frac{1}{4A_0}.$$

因为 $y = y(x)$ 在 $[x_0, \beta_0)$ 上存在, 所以我们有

$$y(x_1) = y_1, (x_1, y_1) \in S.$$

现在，以点 (x_1, y_1) 为中心做一矩形域

$$R_1 : |x - x_1| \leqslant a_1, |y - y_1| \leqslant b_1,$$

其中正数 b_1 是充分大的. 显然 R_1 是条形域 S 内的一个有限闭区域. 由不等式(1.4.3)容易推出不等式

$$|f(x, y)| \leqslant A_0(|y_1| + b_1) + B_0, (x, y) \in R_1 \tag{1.4.4}$$

成立.

令

$$M_1 = A_0(|y_1| + b_1) + B_0 + 1, \quad h_1 = \min\{a_1, \frac{b_1}{M_1}\},$$

并以点 (x_1, y_1) 为中心做矩形区域

$$R_1^* : |x - x_1| \leqslant h_1, \quad |y - y_1| \leqslant b_1,$$

则 $R_1^* \subseteq R_1$. 我们在 R_1^* 内可以应用定理1.4.1推出, 微分方程(1.4.1)过 (x_1, y_1) 的解 Γ 必可向右延拓到 R_1^* 的边界. 另一方面, 从不等式(1.4.4)可知解 Γ 在 R_1^* 内必停留在扇形区域

$$|y - y_1| \leqslant M_1 |x - x_1|,$$

因此, 解 Γ 可以向右延拓到区间 $[x_0, x_1 + h_1]$. 因为 $a_1 < \frac{1}{4A_0}$, 以及极限 $\lim\limits_{b_1 \to +\infty} \frac{b_1}{M_1} = \frac{1}{A_0}$, 所以只要取充分大的正数 b_1, 就有 $h_1 = a_1 = x_2 - x_1$. 由此推出 Γ 在区间 $[x_0, x_2]$ 上存在. 但是, 与区间 $[x_0, x_2]$ 严格大于 Γ 的右侧最大存在区间 $[x_0, \beta_0)$ 矛盾, 它证明了 Γ 的右侧最大存在区间必定是 $[x_0, \beta)$.

同样可证 Γ 的左侧最大存在区间必定是 $(\alpha, x_0]$. 因此 Γ 的最大存在区间是 (α, β). 定理证毕.

例 1.4.2 试讨论方程 $\dfrac{\mathrm{d}y}{\mathrm{d}x} = y^2$ 通过点 $(1, 1)$ 的解和通过点 $(3, -1)$ 的解之存在区间.

解：此时区域 D 是整个平面. 方程右端函数满足延拓定理所要求的条件. 容易算出, 方程的通解是 $y = \dfrac{1}{c - x}$, 故通过点 $(1, 1)$ 的积分曲线为

$$y = \frac{1}{2 - x},$$

它向左可无限延拓, 而当 $x \to 2^+$ 时, $y \to -\infty$. 所以, 其存在区间为 $(-\infty, 2)$.

通过点 $(3, -1)$ 的积分曲线为

$$y = \frac{1}{2 - x},$$

它向左不能无限延拓, 因为当 $x \to 2^-$ 时, $y \to +\infty$. 所以, 其存在区间为 $(2, +\infty)$.

顺便指出: 这个方程只有解 $y = 0$ 可以向左右两个方向无限延拓.

这个例子说明, 尽管 $f(x, y)$ 在整个平面满足延拓定理条件, 解上的点能任意接近区域 D 的边界, 但方程解的定义区间却不能延拓到整个数轴上去.

解的延拓定理在微分方程理论研究中是一个常用的定理. 再看下面的例子.

例 1.4.3 考虑方程
$$\frac{dy}{dx} = (y^2 - a^2)f(x,y), \tag{1.4.5}$$

假设 $f(x,y)$ 及 $f'_y(x,y)$ 在 xOy 平面上连续. 试证明: 对于任意 x_0 及 $|y_0| < a$, 方程(1.4.5)满足 $y(x_0) = y_0$ 的解都在 $(-\infty, +\infty)$ 上存在.

证: 根据假设, 可证明方程(1.4.5)右端函数在整个 xOy 平面上满足解的存在唯一性定理和解的延拓定理的条件. 容易看出 $y = \pm a$ 是方程(1.4.5)在 $(-\infty, +\infty)$ 上的解. 由延拓定理可知, 满足 $y(x_0) = y_0, |y_0| < a(x_0$ 任意) 的解 $y = y(x)$ 上的点应当无限远离原点. 但是, 由解的唯一性, $y = y(x)$ 不能穿过直线 $y = \pm a$, 故只能向两侧延拓而无限远离原点, 即只能夹在两条直线 $y = a$ 和 $y = -a$ 之间向 x 轴的两个方向无限延拓.

在解决问题时, 我们经常将延拓定理与比较定理配合使用. 考虑方程
$$\frac{dy}{dx} = f(x,y) \tag{1.4.6}$$

与方程
$$\frac{dy}{dx} = F(x,y), \tag{1.4.7}$$

则有如下比较定理.

定理 1.4.3 (**第一比较定理**) 设函数 $f(x,y)$ 与 $F(x,y)$ 定义在某个区域 D 上满足存在唯一性定理的条件, 并且在 D 上有不等式: $f(x,y) < F(x,y)$ 成立, 则方程(1.4.6)满足初值条件 $y(x_0) = y_0$ 的解 $\varphi(x)$ 和方程(1.4.7)满足初值条件 $y(x_0) = y_0$ 的解 $\phi(x)$ 在它们共同存在的区间上满足下面的不等式:
$$\begin{cases} \varphi(x) < \phi(x), & x > x_0, \\ \varphi(x) > \phi(x), & x < x_0. \end{cases}$$

证: 由题设条件, 我们知方程(1.4.6) 与方程 (1.4.7) 满足初值 $y(x_0) = y_0$ 的解都在 y_0 某邻域内存在且唯一, 它们都满足 $\varphi(x_0) = \phi(x_0) = y_0$.

现在, 讨论函数 $z(x) = \phi(x) - \varphi(x)$. 因为 $z(x_0) = 0$,
$$z'(x_0) = \phi'(x_0) - \varphi'(x_0) = F(x_0, y_0) - f(x_0, y_0),$$

所以, 函数 $z(x)$ 在区间 $[x_0, x_0 + h]$ 上连续, 从而如果不等式 $z(x) > 0$ 不是对所有 $x > x_0$ 成立, 则至少存在一点 $x_1 \in (x_0, x_0 + h]$ 使得 $z(x_1) = 0$, 同时, 当 $x \in (x_0, x_1)$ 时, $z(x) > 0$. 因此在点 x_1 应有
$$z'(x_1) = \phi'(x_1) - \varphi'(x_1) = F(x_1, y_1) - f(x_1, y_1) \leq 0,$$

但这是不可能的. 因为 $\phi(x_1) = \varphi(x_1)$, 而按假设应有 $F(x_1, y_1) - f(x_1, y_1) > 0$, 产生矛盾. 因此, $z(x)$ 在区间 $[x_0, x_0 + h]$ 上恒为正, 即 $\phi(x) > \varphi(x)$. 当 $x < x_0$ 时的部分可类似证明. 定理证毕.

例 1.4.4 试证明对任意 $(x_0, y_0) \in \mathbf{R}^2$, 方程

$$\frac{\mathrm{d}y}{\mathrm{d}x} = \frac{x^2}{x^2 + y^2 + 1}$$

满足初值条件 $y(x_0) = y_0$ 的解都在 $(-\infty, +\infty)$ 上存在.

证: 函数 $\dfrac{x^2}{x^2 + y^2 + 1}$ 在整个平面上满足存在唯一性定理条件, 且

$$0 \leqslant \frac{x^2}{x^2 + y^2 + 1} \leqslant 1,$$

将原方程与方程

$$\frac{\mathrm{d}y}{\mathrm{d}x} = 0, \quad \frac{\mathrm{d}y}{\mathrm{d}x} = 1$$

比较, 故原方程满足 $y(x_0) = y_0$ 的解 $y(x)$ 在其共存区间上满足

$$y_0 \leqslant y(x) \leqslant y_0 + (x - x_0), \quad x > x_0,$$
$$y_0 + (x - x_0) \leqslant y(x) \leqslant y_0, \quad x < x_0.$$

由延拓定理, 积分曲线 $y = y(x)$ 可以无限远离原点, 故 $y(x)$ 必在 $(-\infty, +\infty)$ 上存在.

习题

1. 试证明: 对任意的 x_0 及满足 $0 < y_0 < 1$ 的 y_0, 方程

$$\frac{\mathrm{d}y}{\mathrm{d}x} = \frac{y(y-1)}{1 + x^2 + y^2}$$

满足初值条件 $y(x_0) = y_0$ 的解 $y = y(x)$ 在 $(-\infty, +\infty)$ 上存在.

2. 指出方程

$$\frac{\mathrm{d}y}{\mathrm{d}x} = (1 - y^2) \mathrm{e}^{xy^2}$$

的每一个解的最大存在区间, 以及当 y 趋于区间的两端点时解的性状.

3. 设 $f(x, y)$ 在整个平面上连续有界, $f'_y(x, y)$ 也存在且连续, 试证明方程

$$\frac{\mathrm{d}y}{\mathrm{d}x} = f(x, y)$$

的任意解 $y = \varphi(x)$ 在区间 $(-\infty, +\infty)$ 上有定义.

4. 讨论方程

$$\frac{\mathrm{d}y}{\mathrm{d}x} = \frac{y^2 - 1}{2}$$

经过点 $(0, 0)$ 的解, 以及经过点 $(\ln 2, -3)$ 的解的最大存在区间.

1.5 解对初值的连续依赖性

在大多数实际应用中,我们常常希望系统具有一定的稳定性,即当系统的初始状态发生小的扰动后,系统的状态在一段时间内变化也不大. 一个系统是否稳定常常是判断此系统好坏的关键指标之一. 例如, 人类的大脑, 无论学习生活知识还是课本知识, 都能保证学习正常进行下去, 不会因为学习内容的不同而使学习不能进行, 这说明人类的大脑对学习具有稳定性. 人类模拟大脑特性而建立起来的人工神经网络系统在大多数应用中就必须保证这种稳定性, 否则很多人工神经网络的应用就不能进行. 再譬如, 有些人在选择恋人时, 不会因为对方具有某个小缺点而拒绝交往, 而是长时间考察对方特点, 而有些人却会因为某个细节而停止交往, 这时我们常认为前者的情感判别系统是稳定的, 是优的, 而后者是不可取的. 这种对初始状态 (印象输入) 发生小的变化后在一段有限时间内系统仍保持稳定的特性, 用微分方程的语言来说就是解 (表示系统的状态) 对初值 (表示初始状态或初始输入) 的连续依赖, 若在连续的无限时间内系统都保持稳定, 则称之为微分方程的解稳定.

从另一角度来说, 很多对自然现象的研究都可以归结为求某些微分方程满足其初值的解. 但是这些初值都是用实验来测定的, 因此所得的数据总会有误差. 我们大多数情况下希望当测定的初始数据有微小的误差时不会在有限时间内引起解的巨大变化, 这种现实中的要求即是解对初值的连续依赖性.

下面对上述问题给出数学上的确切定义.

定义 1.5.1 设初值问题

$$\begin{cases} \dfrac{dy}{dx} = f(x,y), \\ y(x^*) = y^* \end{cases} \tag{1.5.1}$$

的解 $y = \varphi(x, x^*, y^*)$ 在区间 $[a,b]$ 上存在, 如果对任意 $\varepsilon > 0$ 存在 $\delta(\varepsilon, x^*, y^*) > 0$, 使得对于满足 $|x_0 - x^*| \leqslant \delta$, $|y_0 - y^*| \leqslant \delta$ 的任意 (x_0, y_0), 初值问题 (1.5.1) 的解 $y = \varphi(x, x_0, y_0)$ 也在 $[a,b]$ 上有定义, 且有

$$|\varphi(x, x_0, y_0) - \varphi(x, x^*, y^*)| < \varepsilon, \quad x \in [a,b],$$

则称初值问题 (1.5.1) 的解 $y = \varphi(x, x_0, y_0)$ 在点 (x^*, y^*) 连续依赖于初值 (x_0, y_0).

引理 1.5.1 (Bellman 引理) 设 $y(x)$ 为区间 $[a,b]$ 上非负的连续函数, $x_0 \in [a,b]$, 若存在常数 $\alpha \geqslant 0$, $\beta \geqslant 0$ 有如下不等式成立:

$$y(x) \leqslant \alpha + \beta \left| \int_{x_0}^{x} y(s) ds \right|, \quad x \in [a,b],$$

则 $y(x)$ 就满足如下不等式估计

$$y(x) \leqslant \alpha e^{\beta(x-x_0)}.$$

此引理证明将在本节最后给出.

定理 1.5.1（解对初值的连续依赖）设函数 $f(x,y)$ 在开区域 D 内连续, 且关于 y 满足利普希茨条件. 如果 $(x^*, y^*) \in D$, 初值问题(1.5.1) 有解 $y = \varphi(x, x^*, y^*)$, 且当 $x \in [a, b]$ 时, $(x, \varphi(x, x^*, y^*)) \in D$, 则对任意 $\varepsilon > 0$, 存在 $\delta > 0$, 使得对于满足 $|x_0 - x^*| \leqslant \delta$, $|y_0 - y^*| \leqslant \delta$ 的任意 $(x_0, y_0) \in D$, 初值问题

$$\begin{cases} \dfrac{\mathrm{d}y}{\mathrm{d}x} = f(x, y), \\ y(x_0) = y_0 \end{cases}$$

的解 $y = \varphi(x, x_0, y_0)$ 也在 $[a, b]$ 上有定义, 且有

$$|\varphi(x, x_0, y_0) - \varphi(x, x^*, y^*)| < \varepsilon.$$

证：对任意给定的 $\varepsilon > 0$, 选取 $0 < \delta_1 < \varepsilon$, 使得闭区域 $U = \{(x, y) | x \in [a, b], |y - \varphi(x, x^*, y^*)| \leqslant \delta_1\}$ 整个包含在 D 内, 即 $U \subset D$. 选取 δ 满足

$$0 < \delta < \frac{\delta_1}{1 + M} \mathrm{e}^{-L(b-a)},$$

其中 L 是利普希茨常数, $M = \max\limits_{(x,y) \in U} |f(x, y)|$, 同时, 还要保证闭正方形 $R = \{(x, y) | |x - x^*| \leqslant \delta, |y - y^*| \leqslant \delta\}$ 含在带形区域 U 的内部.

由存在唯一性定理知, 对任意 $(x_0, y_0) \in R$, 在 x_0 的某邻域上存在唯一的解 $y = \varphi(x, x_0, y_0)$, 且在 $\varphi(x, x_0, y_0)$ 尚有定义的区间上有

$$\varphi(x, x_0, y_0) = y_0 + \int_{x_0}^{x} f(\tau, \varphi(\tau, x_0, y_0)) \mathrm{d}\tau.$$

另外

$$\varphi(x, x^*, y^*) = y^* + \int_{x^*}^{x} f(\tau, \varphi(\tau, x^*, y^*)) \mathrm{d}\tau.$$

对上述两式作差并进行估值:

$$\begin{aligned} |\varphi(x, x_0, y_0) - \varphi(x, x^*, y^*)| \leqslant\ & |y_0 - y^*| \\ &+ |\int_{x_0}^{x} f(\tau, \varphi(\tau, x_0, y_0)) \mathrm{d}\tau - \int_{x^*}^{x} f(\tau, \varphi(\tau, x^*, y^*)) \mathrm{d}\tau| \\ \leqslant\ & |\int_{x^*}^{x} |f(\tau, \varphi(\tau, x_0, y_0)) - f(\tau, \varphi(\tau, x^*, y^*))| \mathrm{d}\tau| \\ &+ |\int_{x_0}^{x^*} |f(\tau, \varphi(\tau, x_0, y_0))| \mathrm{d}\tau| + |y_0 - y^*| \\ \leqslant\ & (1 + M)\delta + L \int_{x_0}^{x} |\varphi(\tau, x_0, y_0) - \varphi(\tau, x^*, y^*)| \mathrm{d}\tau. \end{aligned}$$

运用引理 1.5.1, 则有

$$\begin{aligned} |\varphi(x, x_0, y_0) - \varphi(x, x^*, y^*)| \leqslant\ & (1 + M)\delta \mathrm{e}^{L|x_0 - x^*|} \\ \leqslant\ & (1 + M)\delta \mathrm{e}^{L(b-a)} \leqslant \delta_1 < \varepsilon. \end{aligned}$$

因此, 只要在 $\varphi(x, x_0, y_0)$ 尚有定义的区间上, 上式就成立.

下面证明 $\varphi(x, x_0, y_0)$ 在区间 $[a, b]$ 上有定义. 只证 $\varphi(x, x_0, y_0)$ 在区间 $[x_0, b]$ 上有定义, 对在区间 $[a, x_0]$ 的情况可类似证明.

因为解 $y = \varphi(x, x_0, y_0)$ 不能越过曲线 $y = \varphi(x, x^*, y^*) + \varepsilon$ 和 $y = \varphi(x, x^*, y^*) - \varepsilon$, 但是由解的延拓定理, 解 $y = \varphi(x, x_0, y_0)$ 可以延拓到无限接近的边界, 于是, 它在向右延拓时必须由 $x = b$ 穿出区域 U, 即 $\varphi(x, x_0, y_0)$ 在区间 $[x_0, b]$ 上总是有定义的. 定理得证.

以下是关于引理 1.5.1 中不等式估计的证明及补充.

引理 1.5.2 (Gronwall 引理) 如果 α 是实常数, $\beta(x)$ 是 $[a, b]$ 上的非负可积函数, 而 $y(x)$ 是 $[a, b]$ 上的实值连续函数, 且满足如下不等式成立:
$$y(x) \leqslant \alpha + \int_a^x \beta(s) y(s) \mathrm{d}s, \quad x \in [a, b],$$
则对 $y(x)$ 有如下不等式估计:
$$y(x) \leqslant \alpha \exp(\int_a^x \beta(s) \mathrm{d}s), \quad x \in [a, b]. \tag{1.5.2}$$

上面不等式即为通常说的 Gronwall 不等式. 只要进行分情况讨论, 即可从此引理自然地推出 Bellman 引理, 当然 Bellman 引理也可通过下面证明引理 1.5.3 类似的方法直接证得.

引理 1.5.3 假设 $\beta(x)$ 是 $[a, b]$ 上的非负可积函数, $y(x)$, $\alpha(x)$ 是 $[a, b]$ 上的实值连续函数, 且满足如下不等式成立:
$$y(x) \leqslant \alpha(x) + \int_a^x \beta(s) y(s) \mathrm{d}s, \quad x \in [a, b],$$
则对 $y(x)$ 有如下推广的 Gronwall 不等式估计:
$$y(x) \leqslant \alpha(x) + \int_a^x \alpha(s) \beta(s) \exp(\int_s^x \beta(\tau) \mathrm{d}\tau) \mathrm{d}s, \quad x \in [a, b]. \tag{1.5.3}$$

证: 记 $R(x) = \int_a^x \beta(s) y(s) \mathrm{d}s$, 则至多去掉一零测度集合有
$$\frac{\mathrm{d}R}{\mathrm{d}x} = \beta(x) y(x) \leqslant \beta(x) \alpha(x) + \beta(x) R(x),$$
由上式即得
$$\frac{\mathrm{d}R}{\mathrm{d}x} - \beta(x) R(x) \leqslant \beta(x) \alpha(x),$$
对上式两边同时乘一个指数因子并把变量 x 换为 s, 至多去掉一零测度集合成立如下不等式:
$$\frac{\mathrm{d}}{\mathrm{d}s}(R(s) \exp(-\int_a^s \beta(\tau) \mathrm{d}\tau)) \leqslant \beta(s) \alpha(s) \exp(-\int_a^s \beta(\tau) \mathrm{d}\tau), \quad s \in [a, b],$$
对上式从 a 到 x 积分, 得到
$$R(x) \exp(-\int_a^x \beta(\tau) \mathrm{d}\tau) \leqslant \int_a^x \beta(s) \alpha(s) \exp(-\int_a^s \beta(\tau) \mathrm{d}\tau) \mathrm{d}s, \quad s \in [a, b],$$
移项整理后可得
$$R(x) \leqslant \int_a^x \beta(s) \alpha(s) \exp(\int_s^x \beta(\tau) \mathrm{d}\tau) \mathrm{d}s, \quad s \in [a, b],$$
由此即得估计式(1.5.3).

在上式中, 当 α 是常数时, 只要对估计式(1.5.3)右端积分出原函数, 计算即得估计式(1.5.2), 即 Gronwall 不等式是此引理的推论.

1.6 解对初值的可微性

定理 1.6.1（解对初值的可微性）设 $f(x,y)$ 及 $\dfrac{\partial f}{\partial y}$ 都在区域 G 内连续，则方程(1.3.1)的解 $y = \varphi(x, x_0, y_0)$ 作为 x, x_0, y_0 的函数在它的存在范围内是连续可微的.

证：由于 $\dfrac{\partial f}{\partial y}$ 在区域 G 内连续，推知 $f(x,y)$ 在 G 内关于 y 满足局部利普希茨条件. 因此，在定理的条件下，由解对初值的连续依赖性，$y = \varphi(x, x_0, y_0)$ 在它的存在范围内关于 x, x_0, y_0 是连续的. 下面进一步证明，对于函数 $y = \varphi(x, x_0, y_0)$ 的存在范围内的任一点偏导数 $\dfrac{\partial \varphi}{\partial x}, \dfrac{\partial \varphi}{\partial x_0}, \dfrac{\partial \varphi}{\partial y_0}$ 存在且连续.

先证 $\dfrac{\partial \varphi}{\partial x_0}$ 存在且连续.

设由初值 (x_0, y_0) 和 $(x_0 + \Delta x_0, y_0)$ （$|\Delta x_0| \leqslant a$，a 为足够小的正数）所确定的方程的解分别为

$$y = \varphi(x, x_0, y_0) \equiv \varphi \text{ 和 } y = \varphi(x, x_0 + \Delta x_0, y_0) \equiv \psi,$$

即

$$\varphi \equiv y_0 + \int_{x_0}^{x} f(x, \varphi) \mathrm{d}x \text{ 和 } \psi \equiv y_0 + \int_{x_0 + \Delta x_0}^{x} f(x, \psi) \mathrm{d}x.$$

于是，我们可以得到，

$$\begin{aligned}\psi - \varphi &\equiv \int_{x_0 + \Delta x_0}^{x} f(x, \psi) \mathrm{d}x - \int_{x_0}^{x} f(x, \varphi) \mathrm{d}x \\ &= -\int_{x_0}^{x_0 + \Delta x_0} f(x, \psi) \mathrm{d}x + \int_{x_0}^{x} \frac{\partial f(x, \varphi + \theta(\psi - \varphi))}{\partial y}(\psi - \varphi) \mathrm{d}x,\end{aligned}$$

其中，$0 < \theta < 1$. 注意到 $\dfrac{\partial f}{\partial y}$ 及 φ, ψ 的连续性，我们有

$$\frac{\partial f(x, \varphi + \theta(\psi - \varphi))}{\partial y} = \frac{\partial f(x, \varphi)}{\partial y} + r_1,$$

这里 r_1 具有如下性质：当 $\Delta x_0 \to 0$ 时，$r_1 \to 0$，且当 $\Delta x_0 = 0$ 时，$r_1 = 0$. 类似地，我们可以得到，

$$-\frac{1}{\Delta x_0} \int_{x_0}^{x_0 + \Delta x_0} f(x, \psi) \mathrm{d}x = -f(x_0, y_0) + r_2,$$

其中，r_2 和 r_1 具有相同的性质，因此对于 $\Delta x_0 \neq 0$，我们有

$$\frac{\psi - \varphi}{\Delta x_0} \equiv [-f(x_0, y_0) + r_2] + \int_{x_0}^{x} \left[\frac{\partial f(x, \varphi)}{\partial y} + r_1\right] \frac{\psi - \varphi}{\Delta x_0} \mathrm{d}x,$$

即

$$z = \frac{\psi - \varphi}{\Delta x_0}$$

是初值问题

$$\begin{cases} \dfrac{\mathrm{d}z}{\mathrm{d}x} = \left[\dfrac{\partial f(x, \varphi)}{\partial y} + r_1\right] z, \\ z(x_0) = -f(x_0, y_0) + r_2 \equiv z_0 \end{cases}$$

的解,在这里 $\Delta x_0 \neq 0$ 被看成参数.显然,当 $\Delta x_0 = 0$ 时,上述问题仍然有解.根据解对初值和参数的连续性定理,我们可以知道, $\dfrac{\psi - \varphi}{\Delta x_0}$ 是 $x, x_0, z_0, \Delta x_0$ 的连续函数,从而存在

$$\lim_{\Delta x_0 \to 0} \frac{\psi - \varphi}{\Delta x_0} \equiv \frac{\partial \varphi}{\partial x_0}.$$

而 $\dfrac{\partial \varphi}{\partial x_0}$ 是初值问题

$$\begin{cases} \dfrac{\mathrm{d}z}{\mathrm{d}x} = \dfrac{\partial f(x, \varphi)}{\partial y} z, \\ z(x_0) = -f(x_0, y_0) \end{cases} \tag{1.6.1}$$

的解,不难求得

$$\frac{\partial \varphi}{\partial x_0} = -f(x_0, y_0) \exp\left(\int_{x_0}^{x} \frac{\partial f(x, \varphi)}{\partial y} \mathrm{d}x\right),$$

显然,它是 x, x_0, y_0 的连续函数.

同样可证, $\dfrac{\partial \varphi}{\partial y_0}$ 存在且连续.

事实上,设 $y = \varphi(x, x_0, y_0 + \Delta y_0) \equiv \tilde{\psi}$ 为初值 $(x_0, y_0 + \Delta y_0)(|\Delta y_0| \leqslant a)$ 所确定的解.类似上述的推理可证 $\dfrac{\tilde{\psi} - \varphi}{\Delta y_0}$ 是初值问题

$$\begin{cases} \dfrac{\mathrm{d}z}{\mathrm{d}x} = [\dfrac{\partial f(x, \varphi)}{\partial y} + r_3] z, \\ z(x_0) = 1 \end{cases}$$

的解.因此,

$$\frac{\tilde{\psi} - \varphi}{\Delta y_0} = \exp\left(\int_{x_0}^{x} [\frac{\partial f(x, \varphi)}{\partial y} + r_3] \mathrm{d}x\right),$$

其中 r_3 具有性质:当 $\Delta y_0 \to 0$ 时, $r_3 \to 0$,且当 $\Delta y_0 = 0$ 时, $r_3 = 0$.

于是得 $\dfrac{\partial \varphi}{\partial y_0}$ 存在且是 x, x_0, y_0 的连续函数.

其中, $\dfrac{\partial \varphi}{\partial y_0}$ 是下面初值问题

$$\begin{cases} \dfrac{\mathrm{d}z}{\mathrm{d}x} = \dfrac{\partial f(x, \varphi)}{\partial y} z, \\ z(x_0) = 1 \end{cases} \tag{1.6.2}$$

的解.

至于 $\dfrac{\partial \varphi}{\partial x}$ 的存在性和连续性,只需注意到 $y = \varphi(x, x_0, y_0)$ 是方程的解,因而

$$\frac{\partial \varphi}{\partial x} = f(x, \varphi(x, x_0, y_0)),$$

由 f 及 φ 的连续性可以直接得出结论.

附注 微分方程(1.6.1)、(1.6.2)的第一式都称为方程(1.3.1)的一次变分方程. 尽管变分方程与原方程的解无关, 但利用变分方程可以对原方程的解做一些理论分析, 或者求特定初值下解对初值的微分 (导数).

例 1.6.1 已知函数 $y = \varphi(x, x_0, y_0)$ 是初值问题

$$\begin{cases} \dfrac{\mathrm{d}y}{\mathrm{d}x} = \sin(xy), \\ y(x_0) = y_0 \end{cases} \tag{1.6.3}$$

的解. 试求 $\dfrac{\partial \varphi}{\partial x_0}|_{x_0=y_0=0}$ 和 $\dfrac{\partial \varphi}{\partial y_0}|_{x_0=y_0=0}$ 的值.

解： (利用变分方程) 从初值问题

$$\begin{cases} \dfrac{\mathrm{d}z}{\mathrm{d}x} = x\cos(x\varphi)z, \\ z(x_0) = -\sin(x_0 y_0) \end{cases}$$

可以解得

$$\left.\dfrac{\partial \varphi}{\partial x_0}\right| = -\sin(x_0 y_0) \mathrm{e}^{\int_{x_0}^{x} s\cos(s\varphi)\mathrm{d}s},$$

其中, $\varphi = \varphi(x, x_0, y_0)$ 是初值问题(1.6.3) 的解. 因此

$$\left.\dfrac{\partial \varphi}{\partial x_0}\right|_{x_0=y_0=0} = 0.$$

类似地, 可从

$$\begin{cases} \dfrac{\mathrm{d}z}{\mathrm{d}x} = x\cos(x\varphi)z, \\ z(x_0) = 1 \end{cases}$$

解得

$$\left.\dfrac{\partial \varphi}{\partial y_0}\right| = \mathrm{e}^{\int_{x_0}^{x} s\cos(s\varphi(s, x_0, y_0))\mathrm{d}s}.$$

再注意到 $\varphi(x, 0, 0) = 0$, 因此

$$\left.\dfrac{\partial \varphi}{\partial y_0}\right|_{x_0=y_0=0} = \mathrm{e}^{\int_0^x s\mathrm{d}s} = \mathrm{e}^{\frac{x^2}{2}}.$$

习题

设 $\varphi = \varphi(x, x_0, y_0)$ 是初值问题

$$\begin{cases} \dfrac{\mathrm{d}y}{\mathrm{d}x} = f(x, y), \\ y(x_0) = y_0 \end{cases}$$

的解, 试证明

$$\dfrac{\partial \varphi}{\partial x_0} + \dfrac{\partial \varphi}{\partial y_0} f(x_0, y_0) = 0.$$

1.7 微分方程的发展史

17 世纪, 英国科学家牛顿 (Newton) 和德国数学家莱布尼兹 (Leibniz) 分别独立创立了微积分学, 为微分方程的诞生提供了理论铺垫, 同时开启了微分方程的研究.

微分方程的发展初期是微分方程的求解阶段, 可称之为"求通解"阶段. 在此阶段, 牛顿对一阶微分方程进行了分类, 并且发现了右端函数为未知函数的多项式形式时利用无穷级数求解微分方程的方法. 莱布尼茨研究了利用变量替换求解一阶微分方程的方法, 于 1691 年提出了分离变量法和将齐次方程化为变量可分离方程的方法, 并在 1694 年给出了一阶线性微分方程求解的一般方法. 瑞士数学家欧拉 (Euler) 试图用积分因子统一解决一阶微分方程的求解问题, 于 1734—1735 年间发现了全微分方程满足的条件. 1743 年, 他在一篇文章中发展了积分因子理论, 并且给出了常系数齐次线性微分方程的通解. 1750 年开始, 欧拉经常使用幂级数求解微分方程, 于 1768—1769 年间提出了微分方程的数值解法程序, 给出了变分法的第一个系统处理方法. 瑞士的伯努利家族在求解微分方程和微分方程应用的相关领域也有突出贡献.

1841 年, 法国数学家刘维尔 (Liouville) 证明里卡蒂 (Riccati) 方程不存在一般的初等解, 使得求解热潮逐渐冷却. 同时法国数学家柯西 (Cauchy) 提出了初值问题, 从而微分方程进入"求定解"阶段. 此阶段的工作主要包含两方面: 第一是对微分方程定解问题, 包含初值和边值问题的解的存在性、唯一性等解的性质的研究, 这形成了微分方程的理论基础; 第二, 针对线性微分方程, 特别是二阶线性微分方程, 利用一些特殊函数、幂级数求解特殊方程, 促成了微分方程与 (复变) 函数论结合产生微分方程解析理论.

19 世纪末, 动力系统的研究取得重大进展, 特别是天体力学中的太阳系稳定性问题引发了对微分方程的大范围性态的研究, 使得微分方程的研究进入"求所有解"的新阶段. 起因是法国数学家庞加莱 (Poincaré) 在以"微分方程所确定的曲线"为题的论文中创立了以几何或拓扑方法研究微分方程解的大范围性态的定性理论与方法, 主要研究对象是非线性方程, 目的不是求解, 而是仅从方程本身的特点来推断解的性质. 之后, 德国数学家希尔伯特 (Hilbert) 于 1900 年在数学家大会上提出了 23 个数学问题, 其中第 16 个问题中关于极限环个数问题, 更是促进了定性理论的研究发展. 同时, 俄国数学家李雅普诺夫 (Lyapunov) 在他的博士论文中提出了微分方程解的运动稳定性, 用于解决方程解的初值扰动不影响原方程解的趋向问题, 这一成果被广泛应用于天文、物理及工程技术等领域, 先后在苏联、美国受到极大重视. 20 世纪初, 美国数学家伯克霍夫 (Birkhoff) 继续发展了庞加莱的分析方法, 创立了拓扑动力系统和各态历经的理论, 之后经过阿诺德 (Arnold)、斯梅尔 (Smale) 等数学家的参与, 更加提升了微分方程的研究高度. 另外, 非线性振动理论、摄动与奇异摄动理论及变换群理论在 20 世纪也得到迅速发展.

到 20 世纪 60 年代, 由于计算机技术的快速发展, 微分方程的发展进入了"求特殊解"阶段. 在此阶段, 借助计算机及相关的数值解法, 数学家们相继发现了一些方程具有新的性质的特殊解, 从而对大量应用问题有了新的认知. 例如, 美国气象学家洛伦兹 (Lorenz) 在 20 世纪 60 年代发现了称为洛伦兹方程的微分方程, 其对初值敏感的特性使洛伦兹发现了混沌现象, 这引起了科学界的巨大震动, 斯梅尔称之为"利用牛顿的定律推翻了牛顿的决定论". 同时期, 美国数学家扎布斯基 (Zabusky) 和克鲁斯卡尔 (Kruskal) 借助计算机研究等离子体中孤立波的相互碰撞问题时发现了孤立子, 孤立子本是物理中一些偏微分方程的新类型解, 但后来发现它们往往对应于可积的哈密顿系统的微分方程, 这一发现促使停滞百年的微分方程可积性问题再次掀起研究热潮.

微分方程虽然是一门古老的学科, 但目前在探索很多未知问题时仍具有不可替代的作用, 与其他学科或领域的结合更是产生了许多新的研究分支, 如控制论、种群生态学、分支理论、泛函微分方程理论及微分对策论等. 由此可见, 微分方程是数学中与应用密切相关的基础学科, 今日的研究也极具生机. 因此, 学好微分方程基本理论与方法对进一步学习研究数学理论和实际应用均非常重要.

第二章 初等积分法

微分方程来源于生产实际,研究微分方程的目的在于掌握它所反映的客观规律,能动地解释所出现的客观现象并预测未来可能发生的情况. 一般来说, 对于反映某一运动规律的微分方程, 如果能找出其通解的表达式, 就能按给定的条件相应地选定其中的任意常数, 获得所需要的特解. 因此, 对已知的微分方程首先考虑的就是求解. 为此, 我们在本章介绍微分方程发展初期的一种解法——初等积分法, 即将微分方程的求解问题化为积分问题.

本章要关注的问题

- 哪些类型的方程能用初等积分法求解?

- 如何利用初等积分法求解?

- 是否存在一种方法可以求解多种类型的方程?

2.1 变量可分离方程

形如
$$\frac{dy}{dx} = f(x)g(y) \tag{2.1.1}$$

的方程, 称为**变量可分离方程**, 其中右端函数为两个因式的乘积, 一个因式是关于自变量 x 的函数, 另一个因式是关于因变量 y 的函数.

假设函数 $f(x), g(y)$ 分别是关于 x, y 的连续函数, 显然方程的解存在.

2.1.1 变量可分离方程的解法

为求解方程(2.1.1), 需要考虑如下两种情况:

1. 若 $g(y) = 0$ 有某些实根 $y = a$, 那么把函数 $y = a$ 代入方程(2.1.1)就可以直接验证 $y = a$ 是方程的解.

2. 若 $g(y) \neq 0$, 设 $y = \phi(x) (a < x < b)$ 是方程(2.1.1)的解. 根据解的定义, 在区间 $a < x < b$ 内有
$$\frac{d\phi(x)}{dx} \equiv f(x) \cdot g[\phi(x)],$$

由于 $g[\phi(x)] \neq 0$，上式可改写为

$$\frac{\mathrm{d}\phi(x)}{g[\phi(x)]} \equiv f(x)\mathrm{d}x,$$

任取一点 $x_0 \in (a,b)$，令 $y_0 = \phi(x_0)$，对上式从 x_0 到 x 积分，可得

$$\int_{x_0}^{x} \frac{\mathrm{d}\phi(\tau)}{g[\phi(\tau)]} \equiv \int_{x_0}^{x} f(\tau)\mathrm{d}\tau,$$

在左端积分中，做代换 $\xi = \phi(\tau)$，就得到

$$\int_{y_0}^{\phi(x)} \frac{\mathrm{d}\xi}{g(\xi)} \equiv \int_{x_0}^{x} f(\tau)\mathrm{d}\tau,$$

所以 $y = \phi(x)$ 是关系式

$$\int_{y_0}^{y} \frac{\mathrm{d}\xi}{g(\xi)} \equiv \int_{x_0}^{x} f(\tau)\mathrm{d}\tau \tag{2.1.2}$$

所确定的隐函数.

反之，若 $y = \psi(x)$ 在区间 $a < x < b$ 内是由关系式(2.1.2)所确定的隐函数，且 $y_0 = \psi(x_0)$，即在 $a < x < b$ 内成立恒等式

$$\int_{y_0}^{\psi(x)} \frac{\mathrm{d}\xi}{g(\xi)} \equiv \int_{x_0}^{x} f(\tau)\mathrm{d}\tau,$$

等式两端关于 x 求导，可得

$$\frac{\mathrm{d}\psi(x)}{\mathrm{d}x} \equiv f(x) \cdot g[\psi(x)],$$

因此 $y = \psi(x)$ 是方程(2.1.1)的解.

同样，可以证明关系式

$$\int_{y_0}^{y} \frac{\mathrm{d}\xi}{g(\xi)} \equiv \int_{x_0}^{x} f(\tau)\mathrm{d}\tau + C \quad (C \text{ 为任意常数}) \tag{2.1.3}$$

所确定的函数 $y = \psi(x,C)$ 也是方程(2.1.1)的解. 同时，关系式(2.1.3)是方程(2.1.1)的通积分 (含有任意常数的积分).

综合上述两种情况，在求解方程(2.1.1)时，除求出满足 $g(y) = 0$ 的解 $y = a$ 以外，只要用 $g(y)$ 除方程 (2.1.1)的两边，使变量 x, y 分离开来，得到

$$\frac{\mathrm{d}y}{g(y)} = f(x)\mathrm{d}x,$$

采用不定积分，就得到通积分 (通解)

$$\int \frac{\mathrm{d}y}{g(y)} = \int f(x)\mathrm{d}x + C \quad (C \text{ 为任意常数}),$$

其中 $\int \frac{\mathrm{d}y}{g(y)}$ 与 $\int f(x)\mathrm{d}x$ 分别表示 $\frac{1}{g(y)}$ 与 $f(x)$ 的某个确定的原函数. 这样，在原则上就求出了方程(2.1.1)的全部解 (或积分).

值得注意的是, 给定函数 $f(x)$ 与 $g(y)$ 后, 通积分表达式中的积分应该尽可能计算出来. 另外, 由 $g(y) = 0$ 得出的特解 $y = a$ 可能无法包含在通积分中, 因此在分离变量之前不要疏忽这类特解.

例 2.1.1 求解方程
$$\frac{\mathrm{d}y}{\mathrm{d}x} = -\frac{x}{y}.$$

解: 对方程进行分离变量, 得到
$$y\mathrm{d}y = -x\mathrm{d}x.$$

两边积分, 有
$$\frac{1}{2}y^2 = -\frac{1}{2}x^2 + \frac{C}{2},$$

因此, 圆周
$$x^2 + y^2 = C \quad (C \text{ 为任意常数})$$

就是通积分, 或者进一步解出 y, 得到通解 $y = \pm\sqrt{C - x^2}$.

例 2.1.2 求解方程
$$\frac{\mathrm{d}y}{\mathrm{d}x} = \frac{1}{2}(y^2 - 1).$$

解: 1. 因 $y^2 - 1 = 0$ 有实根 $y = \pm 1$, 因此函数 $y = \pm 1$ 是特解.

2. 在 $y^2 - 1 \neq 0$ 时, 可分离变量, 得到
$$\frac{\mathrm{d}y}{y^2 - 1} = \frac{1}{2}\mathrm{d}x,$$

两边积分, 得到通积分
$$\ln\left|\frac{y - 1}{y + 1}\right| = x + C_1 \quad (C_1 \text{ 为任意常数}),$$

即
$$\left|\frac{y - 1}{y + 1}\right| = \mathrm{e}^{x+C_1} = \mathrm{e}^{C_1} \cdot \mathrm{e}^x = C_2\mathrm{e}^x \quad (C_2 = \mathrm{e}^{C_1} > 0),$$

可去掉绝对值得方程通解
$$\frac{y - 1}{y + 1} = C\mathrm{e}^x \quad (C \neq 0),$$

且 $y = \pm 1$ 也是方程的解.

2.1.2 可化为变量可分离方程的类型

对于某些特殊形式的一阶微分方程,虽然不能直接分离变量,但可以通过变量变换化为变量可分离方程. 下面介绍两种简单情形.

1. 齐次方程

形如
$$\frac{\mathrm{d}y}{\mathrm{d}x} = g\left(\frac{y}{x}\right)$$

的方程,称为齐次方程,其中 $g(u)$ 是 u 的连续函数.

做变换 $\frac{y}{x} = u$,即令 $y = ux$,引入新的未知函数 u 代替 y. 则有

$$\frac{\mathrm{d}y}{\mathrm{d}x} = u + x\frac{\mathrm{d}u}{\mathrm{d}x},$$

将其代入原方程,得

$$u + x\frac{\mathrm{d}u}{\mathrm{d}x} = g(u),$$

整理得到变量可分离方程

$$\frac{\mathrm{d}u}{\mathrm{d}x} = \frac{g(u) - u}{x},$$

在求得它的全部解之后,再用 $u = \frac{y}{x}$ 代回原变量 y, x,即得原方程的全部解.

例 2.1.3 求解方程
$$\frac{\mathrm{d}y}{\mathrm{d}x} = \frac{y}{x} + \tan\frac{y}{x},$$

解:令 $y = ux$,代入整理得变量可分离方程

$$\frac{\mathrm{d}u}{\mathrm{d}x} = \frac{\tan u}{x},$$

求积分后代回 $u = \frac{y}{x}$,得

$$\sin\frac{y}{x} = Cx,$$

其中 C 为任意常数.

2. 可化为齐次方程的方程

有些方程可以经过变量变换化为齐次方程,进而通过上述方法求解. 例如方程

$$\frac{\mathrm{d}y}{\mathrm{d}x} = \frac{ax + by + c}{a_1 x + b_1 y + c_1} \tag{2.1.4}$$

就是其中一类,这里 a, b, c, a_1, b_1, c_1 都是已知常数.

若 $c_1 = c = 0$,那么方程(2.1.4)就是齐次方程.

若 c 和 c_1 不全为零. 此时,可做变换

$$y = \eta + k, x = \xi + h, \tag{2.1.5}$$

引入新的变量 ξ, η 分别代替 x, y, 这里 h, k 是待定的常数. 将变换(2.1.5)代入方程(2.1.4), 得到
$$\frac{\mathrm{d}\eta}{\mathrm{d}\xi} = \frac{a\xi + b\eta + ah + bk + c}{a_1\xi + b_1\eta + a_1h + b_1k + c_1}.$$
因此, 选取常数 h, k, 使得
$$\begin{cases} ah + bk + c = 0, \\ a_1h + b_1k + c_1 = 0, \end{cases} \tag{2.1.6}$$
就可以化为齐次方程
$$\frac{\mathrm{d}\eta}{\mathrm{d}\xi} = \frac{a\xi + b\eta}{a_1\xi + b_1\eta}.$$

显然, 方程组(2.1.6)的每个方程都表示一条直线, 当这两条直线不平行时, 则有唯一解 h, k. 变换(2.1.5)表示把坐标原点平移到这两条直线的交点 (h, k).

这种方法仅在方程组(2.1.6)中两条直线不平行时有效, 否则方程组(2.1.6)的系数对应成比例, 即 $\frac{a}{a_1} = \frac{b}{b_1} = \lambda$, 方程(2.1.4) 实际上是
$$\frac{\mathrm{d}y}{\mathrm{d}x} = \frac{ax + by + c}{\lambda(ax + by) + c_1} = f(ax + by),$$
所以, 做变换 $ax + by = u$ 就可以把它化为变量可分离方程
$$\frac{\mathrm{d}u}{\mathrm{d}x} = a + bf(u).$$
总之, 形如方程(2.1.4)的方程, 通过适当的变换可化为变量可分离方程, 在实际求解时可按具体情形, 分别做出适当变换, 就可得出方程的解 (或积分).

例 2.1.4 求解方程
$$\frac{\mathrm{d}y}{\mathrm{d}x} = 2\left(\frac{y+2}{x+y-1}\right)^2.$$

解: 令 $y = \eta + k, x = \xi + h$, 代入方程得
$$\frac{\mathrm{d}\eta}{\mathrm{d}\xi} = 2\left(\frac{\eta + k + 2}{\xi + \eta + h + k - 1}\right)^2,$$
由 $k + 2 = 0, h + k - 1 = 0$, 解出 $h = 3, k = -2$, 上述方程可化为齐次方程
$$\frac{\mathrm{d}\eta}{\mathrm{d}\xi} = 2\left(\frac{\eta}{\xi + \eta}\right)^2.$$
再令 $\eta = u\xi$, 得
$$u + \xi\frac{\mathrm{d}u}{\mathrm{d}\xi} = 2\left(\frac{u}{1+u}\right)^2,$$
整理后易得 $u = 0$ 是特解. 之后分离变量再进行积分可得
$$\int\left(\frac{1}{u} + \frac{2}{1+u^2}\right)\mathrm{d}u = -\int\frac{\mathrm{d}\xi}{\xi} + C_1 \quad (C_1 \text{ 为任意常数}),$$

即
$$\ln|u\xi| = -2\arctan u + C_1,$$

从而得到
$$\eta = Ce^{-2\arctan\frac{\eta}{\xi}} \ (C = \pm e^{C_1} \neq 0).$$

如果允许 $C = 0$, 那么就把 $u = 0$ 所对应的特解 $\eta = 0$ 也包含在内.

最后代回原变量 x, y, 就得到原方程的通积分
$$y + 2 = Ce^{-2\arctan\frac{y+2}{x-3}},$$

其中 C 是任意常数.

习题

1. 求解下列方程:

(1) $\dfrac{dy}{dx} = \dfrac{y(1-x^2)}{x(1+x^2)}$;

(2) $\dfrac{dy}{dx} = \sin x$;

(3) $\sec^2 x \cdot \tan y dx + \sec^2 y \cdot \tan x dy = 0$;

(4) $x(y^2 - 1)dx + y(x^2 - 1)dy = 0$;

(5) $\sqrt{1-y^2}dx + \sqrt{1-x^2}dy = 0$;

(6) $\dfrac{dy}{dx} = 1 + y^2$.

2. 求方程
$$x\sqrt{1+y^2} + y\sqrt{1+x^2}\dfrac{dy}{dx} = 0$$
的通积分, 并求过点 $(0, 1)$ 的积分曲线.

3. 求方程
$$(x-1)\cos y dy = 2\sin y dx$$
的全部解, 并求满足初值条件 $x(0) = \dfrac{\pi}{4}$ 的特解.

2.2 线性微分方程与常数变易法

形如
$$\dfrac{dy}{dx} + P(x)y = Q(x) \tag{2.2.1}$$

的方程称为**线性微分方程**, 其中 $P(x), Q(x)$ 是某个区间 $a < x < b$ 内的连续函数, 这类方程的特点是它关于未知函数 y 及其导数 $\dfrac{dy}{dx}$ 都是一次的.

若 $Q(x) \equiv 0$, 则方程
$$\dfrac{dy}{dx} + P(x)y = 0 \tag{2.2.2}$$

称为**齐次线性微分方程**.

若 $Q(x)$ 不恒为 0, 就称为**非齐次线性微分方程**. 齐次线性微分方程(2.2.2)可以用分离变量法求解.

例 2.2.1 求解方程
$$\frac{\mathrm{d}y}{\mathrm{d}x} + P(x)y = 0,$$

其中 $P(x)$ 是 x 的连续函数.

解： 在 $y \neq 0$ 时, 分离变量得到
$$\frac{\mathrm{d}y}{y} = -P(x)\mathrm{d}x,$$

两边积分, 得到
$$\ln|y| = -\int P(x)\mathrm{d}x + C_1 \quad (C_1 \text{ 为任意常数}),$$

从而
$$|y| = \mathrm{e}^{-\int P(x)\mathrm{d}x + C_1} = \mathrm{e}^{C_1} \cdot \mathrm{e}^{-\int P(x)\mathrm{d}x},$$

即
$$y = \pm \mathrm{e}^{C_1}\mathrm{e}^{-\int P(x)\mathrm{d}x} = C\mathrm{e}^{-\int P(x)\mathrm{d}x} \quad (C = \pm\mathrm{e}^{C_1} \neq 0)$$

是方程的通解. 此外, 函数 $y = 0$ 也是方程的解. 若允许 $C = 0$, 就可把特解 $y = 0$ 包含在内, 因此得到方程的通解

$$y = C\mathrm{e}^{-\int P(x)\mathrm{d}x}, \tag{2.2.3}$$

其中 C 是任意常数.

2.2.1 非齐次线性微分方程的通解

下面求解微分方程(2.2.1). 思路为将通解(2.2.3)中的常数 C 变易为函数 $C(x)$, 即假设

$$y = C(x)\mathrm{e}^{-\int P(x)\mathrm{d}x} \tag{2.2.4}$$

为方程(2.2.1)的解, 若能求出其中函数 $C(x)$ 的表达式, 则说明形如(2.2.4)的解存在. 因此具体步骤为将式(2.2.4)代入方程(2.2.1), 有

$$C'(x)\mathrm{e}^{-\int P(x)\mathrm{d}x} - P(x)C(x)\mathrm{e}^{-\int P(x)\mathrm{d}x} + P(x)C(x)\mathrm{e}^{-\int P(x)}\mathrm{d}x = Q(x),$$

即
$$C'(x) = Q(x)\mathrm{e}^{\int P(x)\mathrm{d}x}.$$

积分后可得
$$C(x) = \int Q(x)\mathrm{e}^{\int P(x)\mathrm{d}x}\mathrm{d}x + C \quad (C \text{ 为任意常数}).$$

将上式代入式(2.2.4), 得到方程(2.2.1)的**通解公式**为

$$y = \left[\int Q(x)e^{\int P(x)dx}dx + C\right]e^{-\int P(x)dx}$$
$$= e^{-\int P(x)dx}\int Q(x)e^{\int P(x)dx}dx + Ce^{-\int P(x)dx}. \qquad (2.2.5)$$

这种将常数变易为待定函数的方法, 通常称为**常数变易法**. 实际上常数变易法也是一种变量变换的方法, 通过变换(2.2.4)将方程(2.2.1)化为变量可分离方程.

由通解公式(2.2.5)可以看出表达式由两项组成, 第一项为非齐次线性微分方程(2.2.1)的特解, 第二项为对应的齐次线性微分方程(2.2.2)的通解. 因此可总结以下结论: 非齐次线性微分方程的通解等于非齐次线性微分方程的特解与其对应的齐次线性微分方程的通解之和. 此结论与线性代数方程组解的结构结论类似, 并且在第三章也有类似结论.

2.2.2 伯努利微分方程

形如

$$\frac{dy}{dx} + P(x)y = Q(x)y^{\alpha} \qquad (2.2.6)$$

的方程称为**伯努利 (Bernoulli) 微分方程**, 其中 $P(x), Q(x)$ 是 $a < x < b$ 内的连续函数, α 是常数, 且 $\alpha \neq 0, 1$. 否则, $\alpha = 0$ 时, 它是线性微分方程; $\alpha = 1$ 时, 它是变量可分离方程.

伯努利微分方程可以通过适当变换转化为线性微分方程. 具体解法如下.

显然 $y = 0$ 是一个特解.

若 $y \neq 0$, 在方程(2.2.6)两边同时乘 $y^{-\alpha}$, 得到

$$y^{-\alpha}\frac{dy}{dx} + P(x)y^{-\alpha+1} = Q(x). \qquad (2.2.7)$$

因此, 做变换 $u = y^{-\alpha+1}$, 引入新的未知函数 u 后, 得到

$$\frac{du}{dx} = (1-\alpha)y^{-\alpha}\frac{dy}{dx},$$

将其代入关系式(2.2.7)得到

$$\frac{du}{dx} + (1-\alpha)P(x)u = (1-\alpha)Q(x). \qquad (2.2.8)$$

这就是以 u 为未知函数的线性微分方程. 因此, 通过通解公式(2.2.5)可求出方程(2.2.8)的通解. 然后代回原变量, 就得到原方程(2.2.6)的通解.

例 2.2.2 求解方程

$$\frac{dy}{dx} = \frac{2}{x}y + y^2.$$

解：这是一个伯努利微分方程，有解 $y = 0$. 当 $y \neq 0$ 时，做变换 $u = y^{-1}$，化简方程得到

$$\frac{\mathrm{d}u}{\mathrm{d}x} = -\frac{2}{x}u - 1,$$

它是关于 u 的线性微分方程，由公式(2.2.5)可得全部解

$$u = \mathrm{e}^{-\int \frac{2}{x}\mathrm{d}x}[C_1 + \int(-1)\mathrm{e}^{\int \frac{2}{x}\mathrm{d}x}\mathrm{d}x] = \frac{3C_1 - x^3}{3x^2} = \frac{C - x^3}{3x^2},$$

所以，原方程的通解为

$$y^{-1} = \frac{C - x^3}{3x^2} \quad (C \text{ 为任意常数}),$$

以及特解 $y = 0$.

2.3 全微分方程与积分因子

一阶微分方程 $F(x, y, y') = 0$ 中的 y' 显式表示可得到微分形式的一阶方程

$$M(x, y)\mathrm{d}x + N(x, y)\mathrm{d}y = 0, \tag{2.3.1}$$

此处可认为变量 x 和 y 是对称的形式，且假设 $M(x, y), N(x, y)$ 在 xOy 平面上的某区域 G 内连续且不同时为零，又具有连续的一阶偏导数.

2.3.1 全微分方程

如果方程(2.3.1)的左端 $M(x, y)\mathrm{d}x + N(x, y)\mathrm{d}y$ 是某个函数 $u(x, y)$ 的全微分，即

$$\mathrm{d}u(x, y) = M(x, y)\mathrm{d}x + N(x, y)\mathrm{d}y,$$

则称方程是**全微分方程**或**恰当方程**.

例如方程

$$x\mathrm{d}x + y\mathrm{d}y = 0,$$

其左端是 $\frac{1}{2}(x^2 + y^2)$ 的全微分，因此上述方程是一个全微分方程，其通积分是

$$x^2 + y^2 = C \quad (C \text{ 为任意常数}).$$

对于一般的全微分方程(2.3.1)，容易看到，它的通积分就是

$$u(x, y) = C,$$

这里 C 是任意常数. 因此，只要找到函数 $u(x, y)$，就可以解决全微分方程的求解问题. 在一些简单的情形下，常可用直接观察法求 $u(x, y)$，从而得到方程的解. 如果观察有困难，自然有两个问题，方程是否为全微分方程？如果是，如何求出函数 $u(x, y)$？

定理 2.3.1 假设方程(2.3.1)中的函数 M, N 在 xOy 平面上的单连通区域 G 内具有连续的一阶偏导数,那么方程(2.3.1)是全微分方程的充要条件是在 G 内有恒等式

$$\frac{\partial M(x,y)}{\partial y} \equiv \frac{\partial N(x,y)}{\partial x}$$

成立,并且函数 $u(x,y)$ 可由下式来表示:

$$u(x,y) = \int_{(x_0,y_0)}^{(x,y)} M(\xi,\eta)\mathrm{d}\xi + N(\xi,\eta)\mathrm{d}\eta,$$

即对 $M\mathrm{d}x + N\mathrm{d}y$ 做由某定点 (x_0, y_0) 沿任意路径到点 (x,y) 的曲线积分.

特别地,沿平行坐标轴矩形区域的直线段,可将 $u(x,y)$ 写成

$$u(x,y) = \int_{x_0}^{x} M(\xi, y_0)\mathrm{d}\xi + \int_{y_0}^{y} N(x,\eta)\mathrm{d}\eta, \tag{2.3.2}$$

或

$$u(x,y) = \int_{x_0}^{x} M(\xi, y)\mathrm{d}\xi + \int_{y_0}^{y} N(x_0,\eta)\mathrm{d}\eta.$$

例 2.3.1 求解方程

$$(3x^2 + 6xy^2)\mathrm{d}x + (6x^2y + 4y^3)\mathrm{d}y = 0. \tag{2.3.3}$$

解:这里 $M = 3x^2 + 6xy^2, N = 6x^2y + 4y^3$,且

$$\frac{\partial M}{\partial y} = 12xy, \frac{\partial N}{\partial x} = 12xy,$$

即

$$\frac{\partial M}{\partial y} \equiv \frac{\partial N}{\partial x}$$

成立. 所以,给定的方程(2.3.3)是全微分方程. 由公式(2.3.2)可得

$$u(x,y) = \int_{x_0}^{x} (3\xi^2 + 6\xi y_0^2)\mathrm{d}\xi + \int_{y_0}^{y} (6x^2\eta + 4\eta^3)\mathrm{d}\eta = x^3 + 3x^2y^2 + y^4 - x_0^3 - 3x_0^2 y_0^2 - y_0^4,$$

事实上,只需取 $x_0 = 0, y_0 = 0$ 即可得到 $x^3 + 3x^2y^2 + y^4 = C$ (C 为任意常数) 为方程的通解.

2.3.2 积分因子

有些微分形式的微分方程,本身不是全微分方程,但乘上一个适当的函数 $\mu(x,y) \neq 0$ 后能使方程

$$\mu(x,y)[M(x,y)\mathrm{d}x + N(x,y)\mathrm{d}y] = 0 \tag{2.3.4}$$

成为全微分方程,则称 $\mu(x,y)$ 是方程(2.3.1)的积分因子. 由于函数 $\mu(x,y) \neq 0$,因此,方程(2.3.4)与方程(2.3.1)是同解的.

例如线性微分方程
$$\frac{\mathrm{d}y}{\mathrm{d}x} + P(x)y = 0,$$
就具有积分因子 $\mathrm{e}^{\int P(x)\mathrm{d}x}$.

又如方程
$$y\mathrm{d}x - x\mathrm{d}y = 0,$$
它并非全微分方程, 但是乘上函数 $\frac{1}{y^2}$ 后, 就化为全微分方程
$$\mathrm{d}\left(\frac{x}{y}\right) = 0,$$
所以 $\mu(x,y) = \frac{1}{y^2}$ 是方程的一个积分因子. 容易验证下列表达式
$$\frac{1}{x^2}, \frac{1}{xy}, \frac{1}{x^2+y^2}, \frac{1}{x^2-y^2}$$
也是上述方程的积分因子.

如何求积分因子呢? 利用函数 $\mu(x,y) \neq 0$ 为方程(2.3.1)的积分因子的充要条件:
$$\frac{\partial(\mu M)}{\partial y} \equiv \frac{\partial(\mu N)}{\partial x},$$
即
$$N\frac{\partial \mu}{\partial x} - M\frac{\partial \mu}{\partial y} \equiv \left(\frac{\partial M}{\partial y} - \frac{\partial N}{\partial x}\right)\mu$$
来决定 μ, 则 $\mu(x,y)$ 是偏微分方程
$$N\frac{\partial \mu}{\partial x} - M\frac{\partial \mu}{\partial y} \equiv \left(\frac{\partial M}{\partial y} - \frac{\partial N}{\partial x}\right)\mu \tag{2.3.5}$$
的解. 求解偏微分方程一般比求解常微分方程困难, 但是, 这里并不需要求出偏导数, 只要能设法求得它的一个非零特解即可.

例如考虑下列两种特殊情况.

1. 试找方程(2.3.5)只与 x 有关而与 y 无关的积分因子 $\mu(x)$. 那么 $\frac{\partial \mu}{\partial y} = 0, \frac{\partial \mu}{\partial x} = \frac{\mathrm{d}\mu}{\mathrm{d}x}$, 此时方程(2.3.5)就是
$$N\frac{\mathrm{d}\mu}{\mathrm{d}x} = \left(\frac{\partial M}{\partial y} - \frac{\partial N}{\partial x}\right)\mu,$$
即
$$\frac{\mathrm{d}\mu}{\mu} = \frac{\frac{\partial M}{\partial y} - \frac{\partial N}{\partial x}}{N}\mathrm{d}x.$$

由此可知, 方程(2.3.1)具有只与 x 有关的积分因子 $\mu(x)$ 的充要条件是 $\frac{\frac{\partial M}{\partial y} - \frac{\partial N}{\partial x}}{N}$ 只与 x 有关而与 y 无关. 进而可求得
$$\mu(x) = \mathrm{e}^{\int \frac{1}{N}\left(\frac{\partial M}{\partial y} - \frac{\partial N}{\partial x}\right)\mathrm{d}x}.$$

利用类似的方法可得另一种特殊情形的积分因子.

2. 方程(2.3.1)具有只与 y 有关而与 x 无关的积分因子 $\mu(y)$ 的充要条件是 $\dfrac{\dfrac{\partial M}{\partial y} - \dfrac{\partial N}{\partial x}}{M}$ 只与 y 有关而与 x 无关. 进而可求得

$$\mu(y) = e^{\int -\frac{1}{M}\left(\frac{\partial M}{\partial y} - \frac{\partial N}{\partial x}\right)dy}.$$

例 2.3.2 求解方程

$$\frac{dy}{dx} = \frac{y}{\sqrt{x^2+y^2}+x}.$$

解：显然, $y=0$ 是方程的解, 当 $y \neq 0$ 时, 使分母有理化, 方程就改写为

$$\frac{dy}{dx} = \frac{\sqrt{x^2+y^2}-x}{y},$$

整理可得

$$xdx + ydy = \sqrt{x^2+y^2}dx,$$

易见 $\mu = \dfrac{1}{\sqrt{x^2+y^2}}$ 是上述方程的积分因子, 将其乘上方程两端可得

$$d\sqrt{x^2+y^2} = dx,$$

所以它的通积分是 $\sqrt{x^2+y^2} = x + C$, 即

$$y^2 = 2Cx + C^2 \quad (C \text{ 为任意常数}).$$

一般说来, 积分因子的寻找具有一定程度的技巧性, 是不容易求得的. 与全微分方程一样, 有时候可利用一些二元函数的全微分来观察得到积分因子. 常用的二元函数的全微分有

$$\begin{aligned}
ydx + xdy &= d(xy); \\
\frac{ydx - xdy}{y^2} &= d\left(\frac{x}{y}\right); \\
\frac{ydx - xdy}{x^2+y^2} &= d\left(\arctan\frac{x}{y}\right); \\
\frac{xdx + ydy}{\sqrt{x^2+y^2}} &= d\left(\sqrt{x^2+y^2}\right); \\
\frac{xdx + ydy}{x^2+y^2} &= \frac{1}{2}d\ln(x^2+y^2),
\end{aligned}$$

等等.

本章目前讨论了两种形式的一阶方程, 一阶显式方程

$$\frac{dy}{dx} = f(x, y)$$

和全微分方程
$$M(x,y)\mathrm{d}x + N(x,y)\mathrm{d}y = 0.$$

给出了两种求解途径: 一种是以变量可分离方程的解法为基础, 设法经过变换把方程变成变量可分离方程; 另一种是以全微分方程为基础, 设法寻求方程的积分因子, 把方程化为全微分方程. 具体求解一阶微分方程时, 应区别方程的类型, 选用适当的方法.

习题

1. 求解下列方程:

(1) $(y^4 - 2x^3 y)\mathrm{d}x + (x^4 - 2xy^3)\mathrm{d}y = 0$;

(2) $(3y - 7x + 7)\mathrm{d}x + (7y - 3x + x)\mathrm{d}y = 0$;

(3) $y^2 + x^2 \dfrac{\mathrm{d}y}{\mathrm{d}x} = xy \dfrac{\mathrm{d}y}{\mathrm{d}x}$;

(4) $(x + 2y + 1)\dfrac{\mathrm{d}y}{\mathrm{d}x} = 2x + 4y + 3$;

(5) $\cos x \dfrac{\mathrm{d}y}{\mathrm{d}x} = y \sin x + \sin^2 x$;

(6) $x \dfrac{\mathrm{d}y}{\mathrm{d}x} + y = xy^2 \ln x$;

(7) $\mathrm{e}^y \mathrm{d}x - x(2xy + \mathrm{e}^y)\mathrm{d}y = 0$;

(8) $2xy^2 \mathrm{d}x + (y^2 + x + y)\mathrm{d}y = 0$.

2. 若已知 $y = \phi(x)$ 是里卡蒂 (Riccati) 方程
$$\frac{\mathrm{d}y}{\mathrm{d}x} = p(x)y^2 + q(x)y + r(x)$$
的一个解, 试用代换 $y = z + \phi(x)$, 证明新的未知函数 z 满足伯努利微分方程
$$\frac{\mathrm{d}z}{\mathrm{d}x} = p(x)z^2 + [2p(x)\phi(x) + q(x)]z.$$

3. 一个质量为 m 的质点, 有大小与时间立方成正比 (设比例系数为 k_1) 的外力作用在其上, 从初速度为零开始做直线运动. 此外, 质点受阻力影响, 阻力大小与速度和时间的乘积成正比 (设比例系数为 k_2). 试求速度函数 $v(t)$.

4. 求变量可分离方程
$$M(x)N(y)\mathrm{d}x + P(x)Q(y)\mathrm{d}y = 0$$
的积分因子.

5. 试求出方程
$$M(x,y)\mathrm{d}x + N(x,y)\mathrm{d}y = 0$$
具有形如 $\mu(x+y)$ 及 $\mu(x \cdot y)$ 的积分因子的充要条件.

6. 求解方程
$$(x^2 y^3 + y)\mathrm{d}x + (x^3 y^2 - x)\mathrm{d}y = 0.$$

7. 试做适当变换, 求解下列方程:

(1) $\cos y \dfrac{\mathrm{d}y}{\mathrm{d}x} + \sin y = x + 1$;

(2) $\dfrac{\mathrm{d}y}{\mathrm{d}x} - 1 = \mathrm{e}^{x+2y}$;

(3) $\dfrac{\mathrm{d}y}{\mathrm{d}x} = \dfrac{x - y^2}{2y(x + y^2)}$;

(4) $x\dfrac{\mathrm{d}y}{\mathrm{d}x} + y = y\ln(xy)$.

8. 若方程

$$\dfrac{\mathrm{d}y}{\mathrm{d}t} = \lambda y + P(t)\mathrm{e}^{at},$$

其中 $P(t)$ 是多项式, λ, a 是常数, 证明: 方程的解形如

$$y = C\mathrm{e}^{\lambda t} + Q(t)\mathrm{e}^{at},$$

其中 $Q(t)$ 也是多项式. 当 $\lambda \neq a$ 时, 它的次数与 $P(t)$ 的次数相同; 当 $\lambda = a$ 时, 它的次数等于 $P(t)$ 的次数加 1, 其中 C 是任意常数.

2.4 隐式微分方程

本节将讨论一阶隐式微分方程如何通过变换, 化为可直接利用初等积分法求解的方程. 一阶隐式微分方程的形式如下:

$$F(x, y, y') = 0, \tag{2.4.1}$$

对于这类方程, 如果可以直接解出导数, 即得到 $y' = f(x, y)$ 的形式, 就可以按照上节讨论的方法求解.

本节重点放在导数未能直接解出的这类方程上, 对于这类方程, 总的求解原则是设法使它转化为可解出导数的类型, 然后选用前面介绍的适当方法求解.

2.4.1 参数法

求解这类方程的基本思想是将 $y' = \dfrac{\mathrm{d}y}{\mathrm{d}x}$ 视为独立的变量 p, 考虑将由代数方程 $F(x, y, p) = 0$ 所定义的 $\mathbf{R}^3$ 上的曲面参数化, 再利用变量变换将方程(2.4.1)化为导数可解出的显示方程, 之后再进一步求解. 具体解法如下:

第 1 步 将曲面 $F(x, y, p) = 0$ 表示成参数形式

$$x = \varphi(s, t), y = \psi(s, t), p = \omega(s, t). \tag{2.4.2}$$

第 2 步 对式(2.4.2)求 x, y 的微分, 利用 $p = \dfrac{\mathrm{d}y}{\mathrm{d}x}$ 给出 $\mathrm{d}y$ 和 $\mathrm{d}x$ 的关系,

$$\mathrm{d}x = \dfrac{\partial \varphi}{\partial s}\mathrm{d}s + \dfrac{\partial \varphi}{\partial t}\mathrm{d}t, \tag{2.4.3}$$

$$dy = \frac{\partial \psi}{\partial s}ds + \frac{\partial \psi}{\partial t}dt, \tag{2.4.4}$$

$$dy = \frac{dy}{dx}dx = \omega(s,t)dx. \tag{2.4.5}$$

第 3 步 将式(2.4.3)、(2.4.4)带入式(2.4.5)可得

$$\frac{\partial \psi}{\partial s}ds + \frac{\partial \psi}{\partial t}dt = \omega(s,t)\left(\frac{\partial \varphi}{\partial s}ds + \frac{\partial \varphi}{\partial t}dt\right).$$

进而得到

$$\left(\frac{\partial \psi}{\partial s} - \omega(s,t)\frac{\partial \varphi}{\partial s}\right)ds + \left(\frac{\partial \psi}{\partial t} - \omega(s,t)\frac{\partial \varphi}{\partial t}\right)dt = 0. \tag{2.4.6}$$

第 4 步 若利用已知的初等积分法, 可求解方程(2.4.6)得到 $s = \kappa(t,C)$ (C 为任意常数), 将其代入式(2.4.2)就得到方程(2.4.1)的参数形式的解

$$\begin{cases} x = \varphi(\kappa(t,C),t), \\ y = \psi(\kappa(t,C),t). \end{cases}$$

2.4.2 参数法的应用

下面介绍四类利用参数法求解的隐式方程.

1. 可以显式表达 y 的隐式方程

$$y = f(x,y'), \tag{2.4.7}$$

其中函数 f 具有连续的一阶偏导数. 利用参数法记 $y' = p$, 可得方程(2.4.7)的参数形式为

$$x = x, y = f(x,p), p = p,$$

其中 x, p 为参数. 进一步得到微分

$$dx = 1dx, dy = \frac{\partial f(x,p)}{\partial x}dx + \frac{\partial f(x,p)}{\partial p}dp = pdx.$$

因此整理可得 p 的一阶微分方程

$$\frac{\partial f(x,p)}{\partial p} \cdot \frac{dp}{dx} + \frac{\partial f(x,p)}{\partial x} = p. \tag{2.4.8}$$

若求出方程(2.4.8)的通解

$$p = \kappa(x,C),$$

那么

$$y = f(x, \kappa(x,C))$$

是方程(2.4.7)的解.

若求出方程(2.4.8)的通解
$$x = \varphi(p, C),$$
那么
$$\begin{cases} x = \varphi(p, C), \\ y = f(\varphi(p, C), p) \end{cases}$$
是方程(2.4.7)的参数解, 其中 p 为参数, C 为任意常数.

2. 可以显式表达 x 的隐式方程
$$x = g(y, y'), \tag{2.4.9}$$
其中函数 g 具有连续的一阶偏导数. 类似记 $y' = p$, 可得方程(2.4.9)的参数形式为
$$x = g(y, p), y = y, p = p,$$
其中 y, p 为参数. 进一步对 x 求导得到
$$dx = \frac{\partial g(y, p)}{\partial y} dy + \frac{\partial g(y, p)}{\partial p} dp, dy = p dx.$$
因此等式两边同时除以 dx 可得 p 的一阶微分方程
$$1 = \frac{\partial g(y, p)}{\partial y} p + \frac{\partial g(y, p)}{\partial p} \frac{dp}{dx} = \frac{\partial g(y, p)}{\partial y} p + \frac{\partial g(y, p)}{\partial p} p \frac{dp}{dy}. \tag{2.4.10}$$
若求出方程(2.4.10)的通解
$$p = \kappa(y, C),$$
那么
$$x = g(y, \kappa(y, C))$$
是方程(2.4.9)的解.

若求出方程(2.4.10)的通解
$$y = \psi(p, C),$$
那么
$$\begin{cases} x = g(\psi(p, C), p), \\ y = \psi(p, C) \end{cases}$$
是方程(2.4.9)的参数解, 其中 p 为参数, C 为任意常数.

3. 不显含 y 的隐式方程
$$F(x, y') = 0. \tag{2.4.11}$$
利用参数法记 $y' = p$, 此时代数方程 $F(x, p) = 0$ 代表 xOp 平面上的一条曲线, 因此得方程(2.4.11)的参数形式为
$$x = \varphi(s), p = \kappa(s),$$

其中 s 为参数. 由微分关系可得

$$dy = pdx = \kappa(s)dx, dx = \varphi'(s)ds.$$

因此可得 y 的一阶微分方程

$$dy = \kappa(s)\varphi'(s)ds,$$

进而求解得到

$$y(s) = \int \kappa(s)\varphi'(s)ds + C.$$

因此得到方程(2.4.11)的参数解

$$\begin{cases} x = \varphi(s), \\ y = \int \kappa(s)\varphi'(s)ds + C, \end{cases}$$

其中 s 为参数, C 为任意常数.

4. 不显含 x 的隐式方程

$$F(y, y') = 0. \tag{2.4.12}$$

利用参数法记 $y' = p$. 类似地, 此时代数方程 $F(y, p) = 0$ 代表 yOp 平面上的一条曲线, 因此得方程(2.4.12)的参数形式为

$$y = \psi(t), p = \kappa(t),$$

其中 t 为参数. 由微分关系可得

$$dy = \psi'(t)dt = pdx = \kappa(t)dx.$$

因此可得 x 的一阶微分方程

$$dx = \frac{\psi'(t)}{\kappa(t)}dt,$$

进而求解得到

$$x(t) = \int \frac{\psi'(t)}{\kappa(t)}dt + C.$$

因此得到方程(2.4.12)的参数解

$$\begin{cases} x = \int \frac{\psi'(t)}{\kappa(t)}dt + C, \\ y = \psi(t), \end{cases}$$

其中 t 为参数, C 为任意常数.

例 2.4.1 求解方程

$$y(y')^2 - 2xy' + y = 0.$$

解: 记 $y' = p$, 则方程可写成

$$yp^2 - 2xp + y = 0,$$

当 $p \neq 0$ 时, 解出 x 得

$$x = \frac{yp}{2} + \frac{y}{2p}. \tag{2.4.13}$$

两端对 y 求导, 并利用 $\dfrac{\mathrm{d}x}{\mathrm{d}y} = \dfrac{1}{p}$, 得到

$$\frac{1}{p} = \left(\frac{y}{2} - \frac{y}{2p^2}\right)\frac{\mathrm{d}p}{\mathrm{d}y} + \frac{p}{2} + \frac{1}{2p},$$

化简为

$$(p^2 - 1)\left(y\frac{\mathrm{d}p}{\mathrm{d}y} + p\right) = 0,$$

于是得到两个方程

$$p^2 - 1 = 0, \quad y\frac{\mathrm{d}p}{\mathrm{d}y} + p = 0,$$

由第一个方程可得 $p = \pm 1$, 将其代入方程(2.4.13), 就得到特解

$$y = \pm x.$$

由第二个方程可得 $p = Cy^{-1}$, 将其代入方程(2.4.13), 就得到通积分

$$y^2 = 2C\left(x - \frac{C}{2}\right) \quad (C \neq 0).$$

此外, 还有 $p = 0$ 对应的解 $y = 0$. 所以原方程的全部解是

$$y^2 = 2C\left(x - \frac{C}{2}\right), \quad y = \pm x \quad (C\ \text{为任意常数}).$$

例 2.4.2 求解克莱罗 (Clairaut) 方程

$$y = xy' + f(y'),$$

其中函数 $f(u)$ 连续可导, 且 $f'(u) \neq$ 常数.

解: 记 $y' = p$, 把方程改写为

$$y = xp + f(p),$$

两边关于 x 求导, 并记 $\dfrac{\mathrm{d}y}{\mathrm{d}x} = p$, 得到

$$p = p + [x + f'(p)]\frac{\mathrm{d}p}{\mathrm{d}x},$$

即
$$\frac{\mathrm{d}p}{\mathrm{d}x} = 0 \quad \text{及} \quad x + f'(p) = 0, \tag{2.4.14}$$

由第一个方程得 $p = C$, 代入原方程得到通解

$$y = Cx + f(C),$$

这个表达式相当于在原方程中用任意常数 C 代替 p.

由式(2.4.14)中的第二个方程得 $x = -f'(p)$, 代入原方程, 得到用 p 作为参数的特解

$$\begin{cases} x = -f'(p), \\ y = -pf'(p) + f(p). \end{cases}$$

2.5　可降阶的高阶微分方程

有些高阶微分方程可以通过变换使它降低阶数, 达到求解的目的. 下面分别讨论几种特殊类型的降阶问题.

1. 不显含未知函数 y 的方程

不显含未知函数 y, 或更一般地, 不显含未知函数及其直到 $(k-1)(k \geqslant 1)$ 阶导数的方程, 它的一般形式为

$$F(x, y^{(k)}, \cdots, y^{(n)}) = 0. \tag{2.5.1}$$

易见, 若令 $y^{(k)} = u$, 就化为关于 u 的 $n - k$ 阶方程

$$F(x, u, \cdots, u^{(n-k)}) = 0, \tag{2.5.2}$$

它比原方程低 k 阶. 一般来说, 阶数低的方程较阶数高的方程容易求解. 求出了方程(2.5.2) 的解 $u = \phi(x)$, 就有

$$y^{(k)} = \phi(x),$$

再积分 k 次, 就得到原方程(2.5.1) 的解.

当然, 对于现阶段可以求解的形态主要是

$$F\left(x, y^{(k)}, y^{(k+1)}\right) = 0.$$

例 2.5.1　*求解方程*

$$y^{(5)} - \frac{1}{x} y^{(4)} = 0.$$

解：令 $y^{(4)} = u$, 原方程化为

$$u' - \frac{1}{x} u = 0,$$

这是一阶变量可分离方程, 通解为

$$u = Cx,$$

即
$$y^{(4)} = Cx,$$

因此对上式积分四次, 可得原方程的通解

$$y = C_1 x^5 + C_2 x^3 + C_3 x^2 + C_4 x + C_5,$$

其中 $C_1, C_2, \cdots, C_5$ 是 5 个任意常数.

2. 不显含自变量 x 的方程

不显含自变量 x 的方程的一般形式为

$$F(y, y', \cdots, y^{(n)}) = 0,$$

此时若令 $u = y'$ 作为新的未知函数, 而 y 为新的自变量, 那么, 代入方程可以将 n 阶方程降阶为 $n-1$ 阶方程.

特别地, 对于方程

$$F(y, y', y'') = 0, \tag{2.5.3}$$

由于

$$\frac{dy}{dx} = u,$$

$$\frac{d^2 y}{dx^2} = \frac{du}{dx} = \frac{du}{dy} \cdot \frac{dy}{dx} = u \cdot \frac{du}{dy},$$

所以方程(2.5.3)可化为

$$F\left(y, u, u\frac{du}{dy}\right) = 0,$$

即可选用适当初等积分法求解.

例 2.5.2 求解方程

$$y\frac{d^2 y}{dx^2} - \left(\frac{dy}{dx}\right)^2 = 0.$$

解: 令 $u = \dfrac{dy}{dx}$, 并取 y 作为新的自变量, 那么

$$\frac{d^2 y}{dx^2} = u\frac{du}{dy},$$

因此, 方程化为

$$yu\frac{du}{dy} - u^2 = 0,$$

从而有

$$u = 0 \ \ \text{及} \ \ \frac{du}{u} = \frac{dy}{y},$$

因此可得通解为

$$u = C_1 y \ \ (C_1 \text{为任意常数}).$$

再代回原变量, 得到
$$\frac{\mathrm{d}y}{\mathrm{d}x} = C_1 y,$$
解这个方程, 得到原方程的通解为
$$y = C_2 \mathrm{e}^{C_1 x},$$
其中 C_1, C_2 为任意常数.

3. 高阶全微分方程和积分因子

如果方程
$$F(x, y, y', \cdots, y^{(n)}) = 0 \tag{2.5.4}$$
的左端是某个 $n-1$ 阶微分表达式 $\Phi(x, y, y', \cdots, y^{(n-1)})$ 对 x 的导数, 即
$$F(x, y, y', \cdots, y^{(n)}) = \frac{\mathrm{d}}{\mathrm{d}x}\Phi(x, y, y', \cdots, y^{(n-1)}),$$
则称(2.5.4)是全微分方程. 此时易得
$$\Phi(x, y, y', \cdots, y^{(n-1)}) = C \quad (C \text{ 为任意常数}), \tag{2.5.5}$$
而方程(2.5.5)为 $n-1$ 阶的, 且与方程(2.5.4)同解, 这样就达到了降阶的目的.

与一阶方程一样, 有时方程(2.5.4)本身并非全微分方程, 但是乘上某个适当的函数 $\mu\left(x, y, \cdots, \dfrac{\mathrm{d}^{n-1}y}{\mathrm{d}x^{n-1}}\right)$ 后能使方程
$$\mu\left(x, y, \cdots, \frac{\mathrm{d}^{n-1}y}{\mathrm{d}x^{n-1}}\right) F(x, y, y', \cdots, y^{(n)}) = 0$$
成为全微分方程. 因此函数 $\mu\left(x, y, \cdots, \dfrac{\mathrm{d}^{n-1}y}{\mathrm{d}x^{n-1}}\right)$ 是方程(2.5.4) 的积分因子.

例 2.5.3 用积分因子的方法求解例 2.5.2 中的方程
$$y\frac{\mathrm{d}^2 y}{\mathrm{d}x^2} - \left(\frac{\mathrm{d}y}{\mathrm{d}x}\right)^2 = 0.$$

解: 显然该方程不是全微分方程, 但乘上积分因子 $\mu = \dfrac{1}{y^2}(y \neq 0)$ 后, 左端化为
$$\frac{1}{y} \cdot \frac{\mathrm{d}^2 y}{\mathrm{d}x^2} - \frac{1}{y^2}\left(\frac{\mathrm{d}y}{\mathrm{d}x}\right)^2 = \frac{\mathrm{d}}{\mathrm{d}x}\left(\frac{1}{y}\frac{\mathrm{d}y}{\mathrm{d}x}\right),$$
即化为全微分方程
$$\frac{\mathrm{d}}{\mathrm{d}x}\left(\frac{1}{y}\frac{\mathrm{d}y}{\mathrm{d}x}\right) = 0,$$
所以
$$\frac{1}{y}\frac{\mathrm{d}y}{\mathrm{d}x} = C_1,$$

因此得到
$$y = C_2 e^{C_1 x}(C_2 \neq 0).$$

此外，在乘积分因子时，令 $y \neq 0$，而 $y = 0$ 也是原方程的解，补上后即可去掉条件 $C_2 \neq 0$，所以
$$y = C_2 e^{C_1 x}$$

是方程的全部解，其中 C_1, C_2 是两个任意常数.

习题

1. 求解下列方程：

(1) $\left(\dfrac{\mathrm{d}y}{\mathrm{d}x}\right)^3 - 3y^2 \dfrac{\mathrm{d}y}{\mathrm{d}x} = 0$；

(2) $y = x(y')^2 + (y')^3$；

(3) $y = xy' + y' + (y')^2$；

(4) $y = 2xy' + y^2(y')^3$；

(5) $x(y')^3 = 1 + y'$；

(6) $x = yy' + y^2$；

(7) $(y')^4 = 4y(xy' - 2y)^2$；

(8) $(y')^2 - yy' + e^t = 0$.

2. 求曲线，使它的切线在两坐标轴之间的线段长度等于常数 a.

3. 求曲线，使它满足：在第一象限内它的切线与两坐标轴相交形成的图形面积等于 2.

4. 求解下列高阶方程：

(1) $\dfrac{\mathrm{d}^2 y}{\mathrm{d}x^2} - t \dfrac{\mathrm{d}^3 y}{\mathrm{d}x^3} + \left(\dfrac{\mathrm{d}^3 y}{\mathrm{d}x^3}\right)^3 = 0$；

(2) $\dfrac{\mathrm{d}^3 y}{\mathrm{d}x^3} = \sqrt{1 + \left(\dfrac{\mathrm{d}^2 y}{\mathrm{d}x^2}\right)^2}$；

(3) $\dfrac{\mathrm{d}^2 y}{\mathrm{d}x^2} = \dfrac{1}{y}\left(\dfrac{\mathrm{d}y}{\mathrm{d}x}\right)^2 \sqrt{1 + \left(\dfrac{\mathrm{d}y}{\mathrm{d}x}\right)^2}$；

(4) $\dfrac{\mathrm{d}^2 y}{\mathrm{d}x^2} = x \dfrac{\mathrm{d}y}{\mathrm{d}x} + y + 1$；

(5) $\cos y \dfrac{\mathrm{d}^2 y}{\mathrm{d}x^2} + \sin y \left(\dfrac{\mathrm{d}y}{\mathrm{d}x}\right)^2 = \dfrac{\mathrm{d}y}{\mathrm{d}x}$，并求分别满足初始条件 $y(-1) = \dfrac{\pi}{6}, y'(-1) = 2$ 的特解；

(6) $2\dfrac{\mathrm{d}^3 y}{\mathrm{d}x^3} - 3\left(\dfrac{\mathrm{d}y}{\mathrm{d}x}\right)^2 = 0$，并求分别满足初始条件 $y(0) = -3, y'(0) = 1, y''(0) = -1$ 的特解.

2.6 应用实例

本节讨论基本的一阶微分方程模型,通过具体的模型实例,体会微分方程在问题的分析、正确推导等环节中的重要性,以及微分方程在实际中是如何应用的.

生活在资源有限的环境中的人类和动物世界,能否无限制地增长和繁殖?我国人口以多少为极限?动物种群的竞争排斥和弱肉强食,后果如何?生态何以平衡?渔业的捕获量对食肉鱼类和被食鱼类的存亡有何影响?这些有趣的问题是我们在本节要讨论的内容.

例 2.6.1 种群生态数学模型

研究生物种群的生存与环境的关系,探索种群数量随时间变化的规律,是生态学家们十分关心的问题,同样也是地球和谐发展的一个重要问题. 人们常常通过建立群体消长的数学模型,进行计算和理论分析,来解释、探索、预测及控制某些生态现象,包括人类自身的发展. 所有生物种群的数量都是在不断变化的,而且影响这种变化的因素非常复杂,只有在某些简化的假设条件下才可能得到所需要的模型. 因此我们首先讨论简化的模型,之后再逐步深入. 另外由于模型中需要讨论变化率,即模型中存在导数,因此即使群体数量是离散变化的量,依然对这个数量函数赋予一种连续的假设.

假设 1 在没有迁入、迁出的孤立群体中,时刻 t 的群体数量为 $x(t)$. 当群体规模很大时,这个函数可视为连续可微函数.

在 x 数值比较大的情况下,问题是如何表示群体数量的变化率

$$\frac{\mathrm{d}x}{\mathrm{d}t} = f(x,t),$$

也就是设法揭示表达式 $f(x,t)$ 的内部结构. 微分方程模型是表述所考察的各个变量及其变化率之间的关系. 这里,把群体数量变化率看成个体平均变化率 (平均每个个体的生殖率和死亡率之差) 与群体数量的乘积,即

$$f(x,t) = r(x,t)x(t),$$

其中,变化率 $r(x,t)$ 在一般情况下应该是某个时刻群体数量的函数,应该在尽量符合生物生态学特点的前提下进行一定的简化. 如果假定个体的平均生殖率、死亡率与时间无关,记为 $r(x)$,则可以得到一般性的模型

$$\frac{\mathrm{d}x}{\mathrm{d}t} = r(x)x(t).$$

假设 2 种群增长率在一个相对短的时间内可以近似看作常数,即 $r(x) = r$. 这个常数也称为种群固有的自然增长率.

在这两个假设的前提下,若给定初值条件 $x(t_0) = x_0$,那么种群增长问题就变成了微分方程的初值问题,即

$$\begin{cases} \dfrac{\mathrm{d}x}{\mathrm{d}t} = rx, \\ x(t_0) = x_0, t \geqslant 0. \end{cases} \tag{2.6.1}$$

这是 1798 年马尔萨斯 (Malthus) 提出的指数增长模型, 这个方程很容易求解, 解为

$$x(t) = x_0 e^{r(t-t_0)}.$$

它反映了种群的变化率对种群本身瞬时值的依赖性, 模型简洁明了, 也称为马尔萨斯人口模型.

那么这个模型是否符合实际? 或在什么样的情况下符合实际? 即它的应用范围如何呢?

显然, 若 $r > 0$, 则这个模型表明种群数量呈现指数增长, 短时间看, 若外围环境不发生变化, 并且在充足的食物保障下, 这个结果具有一定合理性. 用此模型估计 1700—1961 年间某些国家的人口数目, 计算结果基本符合人口实况. 但是当 $t \to +\infty$ 时, $x(t) \to +\infty$, 可见不能依此长期预测. 具体地, 由此模型可以得到 2510 年, 世界人口的总数为 2000 亿左右, 这一结果具有明显的不合理性, 由此可见模型需要进行修正. 问题出在马尔萨斯只考虑到繁衍增长的一面, 未看到种群内竞争 (如人类战争) 对种群发展的抑制作用.

为此, 我们修改上面的假设 2.

假设 2′ 种群个体的增长率为线性函数 $r(x) = r_0 - Sx, S > 0$.

这个假设表明受自然资源和环境条件所能容纳的群体最大数量所限, 种群个体的增长率随着群体数量的增长而不断减少. 如果达到最大容量 x_m, 将有 $r(x_m) = 0$, 这是一个稳定状态. 由线性关系 $r(x_m) = r_0 - Sx_m$, 得出 $S = \dfrac{r_0}{x_m}$, 则

$$\begin{cases} \dfrac{dx}{dt} = r_0(1 - \dfrac{x}{x_m})x, \\ x(t_0) = x_0, t \geqslant 0. \end{cases}$$

这是 1838 年比利时生物学家 Verhulst 考虑了单种群成员间的冲突乃至残害现象, 提出的对模型(2.6.1)的修改模型, 称为群体增长的阻滞方程或逻辑模型. 据文献记载, 美国和法国都曾用这个公式预测过人口变化, 结果与实际情况相当符合.

群体增长率 $\dfrac{dx}{dt}$ 呈抛物线变化, 个体平均增长率 $r(x)$ 逐渐减小. 其中 $-\dfrac{r_0}{x_m}x^2$ 项阻滞了群体数量的无限增大, 它表示单位时间内由于同种群的个体之间竞争资源而发生冲突的平均次数, 一般来说 x_m 远大于 1. 在 x 比较小时, 个体间没有干扰, 与方程(2.6.1)类似.

该方程是变量可分离方程, 求解可得

$$x(t) = \dfrac{x_m x_0}{x_0 + (x_m - x_0)e^{-r_0(t-t_0)}}.$$

进一步讨论它的几何性质, 可以分析种群数量的变化, 进而了解种群的动态变化.

当然, 随着我国计划生育政策的实行, 人口出生率得到了有效控制, 人口总量得到了有效控制. 但是近几年出现了许多新情况, 例如男女性别比例失调, 人口老龄化问题严重等, 这就对模型提出了新的要求.

例 2.6.2 市场价格形成的动态过程（续）

市场价格形成的线性动态数学模型已经在第一章中以微分方程(1.1.13)的形式给出. 现在我们利用本章所介绍的初等解法给出其商品价格函数. 假定在初始时刻 $t = 0$ 时, $P(0) = P_0$, 求解方程(1.1.13)可得

$$P(t) = \left(P_0 - \frac{b+d}{a+c}\right)e^{-a(a+c)t} + \frac{b+d}{a+c}. \tag{2.6.2}$$

注意静态均衡价格 $\bar{P}$ 满足

$$-a\bar{P} + b = c\bar{P} - d,$$

即

$$\bar{P} = \frac{b+d}{a+c}.$$

在(2.6.2)的两端取 $t \to +\infty$, 得 $P(t) \to \bar{P}$. 又若初始价格 $P_0 = \bar{P}$, 那么, 动态价格保持在均衡价格 $\bar{P}$, 即整个动态过程转化为静态过程.

由方程(1.1.13)所表示的市场动态结构为一阶负反馈系统. 若 P_0 大于 $\bar{P}$, 则 $P(t)$ 负指数单调下降趋于 $\bar{P}$; 若 P_0 小于 $\bar{P}$, 则 $P(t)$ 单调增加趋于 $\bar{P}$, 满足 $\lim_{t\to+\infty} P(t) = \bar{P}$ 的价格称为动态稳定价格.

若需求函数为非线性函数, 则可以求解描述价格形成的动态过程的微分方程, 易知随着时间的推移, 物价将逐步趋向均衡价格. 例如, 取 $f = 5 - P^2$, $g = P - 1$, 则有

$$\frac{\mathrm{d}P}{\mathrm{d}t} = a(5 - P^2 - P + 1) = a(3+P)(2-P). \tag{2.6.3}$$

初始条件仍为 $P(0) = P_0$, 求解得

$$\frac{3+P}{2-P} = Ce^{5at},$$

其中 $C = \dfrac{3+P_0}{2-P_0}$. 所以

$$P = \frac{2(3+P_0)e^{5at} - 3(2-P_0)}{(3+P_0)e^{5at} + (2-P_0)}.$$

若令 $t \to +\infty$, 则得 $P(t) \to 2$. 实际上, 由式(2.6.3)右端等于零可求得 $\bar{P} = 2$, 即随着时间的推移, 价格越来越趋近于均衡价格 $\bar{P} = 2$.

由上面的分析可知, 用来模拟价格动态过程的一阶微分方程在一定程度上反映了价格影响需求与供给, 而需求与供给反过来又影响价格的动态过程, 并且还指出了动态价格逐渐向均衡价格靠拢的变化趋势. 当然这个模型也有局限性, 因为实际上商品生产需要时间, 因而供给量往往是根据以前某一时刻的价格决定的, 即供给函数为 $g(P(t-\tau))$ (τ 为延时), 也就是说, 用延时动态价格的模型来模拟更为精确. 而对延时模型, 则由于时间的延时加上生产者对价格的过分敏感而造成了价格的不稳定. 可见价格的动态过程与我们讨论过的情形是不尽相同的.

习题

假设一群体对某流行病很敏感，用下面的思想建立其模型. 设该群体最初个体数 $p(t)$ 服从

$$\frac{\mathrm{d}p}{\mathrm{d}t} = ap - bp^2, \tag{2.6.4}$$

其中 a, b 是参数，称为生命系数. 并且一旦 P 达到某个小于极限总数 $\frac{a}{b}$ 的特定值 Q 时，流行病便开始传播. 在此阶段中 $A < a, B < b$，且(2.6.4)被

$$\frac{\mathrm{d}p}{\mathrm{d}t} = Ap - Bp^2$$

所取代.

提示：假设 $Q > \frac{A}{B}$，于是群体个数开始减少. 当群体个数减少到某一值 $q > \frac{A}{B}$ 时，这个时刻流行病停止传播，群体又开始服从方程(2.6.4)而增长，直到新的流行病发生. 这样在 q 和 Q 之间 P 发生周期性的波动，要考虑如何计算这种波动的周期.

(1) 证明当 p 从 q 增加到 Q 时，周期的第一部分 T_1 为

$$T_1 = \frac{1}{a} \ln \frac{Q(a - bq)}{q(a - bQ)};$$

(2) 证明当 p 从 Q 减少到 q 时，周期的第二部分 T_2 为

$$T_2 = \frac{1}{A} \ln \frac{q(QB - a)}{Q(qB - A)}.$$

第三章 线性微分方程组

在现代科学和工程的许多领域中，线性微分方程组起着至关重要的作用. 它不仅是理论研究的重要工具，还在实际应用中表现出强大的功能. 例如，物理学中的电路分析、机械系统的动力学研究、生物学中的种群模型、经济学中的动态系统分析等实际问题中都有线性微分方程组的应用.

本章将在上一章初等积分法的基础上，进一步探讨线性微分方程组的理论与应用. 首先，介绍线性微分方程组的一般理论，为后续内容奠定基础；其次，详细分析常系数线性微分方程组的特性与解法；最后，通过实际应用案例，展示线性微分方程组在科学与工程中的广泛应用. 同时，这一章的内容也将为下一章高阶线性微分方程的学习做好准备.

本章要关注的问题

- 如何理解线性微分方程组解的存在唯一性定理？如何利用矩阵和向量表示方程组？
- 线性微分方程组关于解的一般理论有哪些？齐次线性微分方程组的基解矩阵在解的理论中有什么作用？
- 区分基解矩阵是否存在和能否求出两个问题，常系数齐次线性微分方程组如何求出基解矩阵？
- 能否总结出一般的微分方程组求解方法？

3.1 线性微分方程组的一般理论

一阶线性微分方程组作为线性微分方程组的一个特例，其研究不仅有助于理解更复杂的线性微分方程组，还能提供许多有用的解析技巧和方法.

考虑含有 n 个未知函数 $y_1, y_2, \cdots, y_n$ 的一阶线性微分方程组的一般形式：

$$\begin{cases} \dfrac{\mathrm{d}y_1}{\mathrm{d}x} = a_{11}(x)y_1 + a_{12}(x)y_2 + \cdots + a_{1n}(x)y_n + f_1(x), \\ \dfrac{\mathrm{d}y_2}{\mathrm{d}x} = a_{21}(x)y_1 + a_{22}(x)y_2 + \cdots + a_{2n}(x)y_n + f_2(x), \\ \cdots\cdots\cdots \\ \dfrac{\mathrm{d}y_n}{\mathrm{d}x} = a_{n1}(x)y_1 + a_{n2}(x)y_2 + \cdots + a_{nn}(x)y_n + f_n(x), \end{cases}$$

其中 $a_{ij}(x)$ 和 $f_i(x)(i,j=1,2,\cdots,n)$ 在区间 $a<x<b$ 上都是连续的. 采用矩阵和向量记号

$$A(x)=\begin{pmatrix} a_{11}(x) & a_{12}(x) & \cdots & a_{1n}(x) \\ a_{21}(x) & a_{22}(x) & \cdots & a_{2n}(x) \\ \vdots & \vdots & \cdots & \vdots \\ a_{n1}(x) & a_{n2}(x) & \cdots & a_{nn}(x) \end{pmatrix},$$

和

$$Y=\begin{pmatrix} y_1 \\ y_2 \\ \vdots \\ y_n \end{pmatrix}, f(x)=\begin{pmatrix} f_1(x) \\ f_2(x) \\ \vdots \\ f_n(x) \end{pmatrix},$$

则可以将上面的线性微分方程组转化为向量形式

$$\frac{\mathrm{d}Y}{\mathrm{d}x}=A(x)Y+f(x). \tag{3.1.1}$$

在区间 $a<x<b$ 上, 若 $f(x)\equiv 0$ 时, 得到与方程组(3.1.1)相应的**齐次线性微分方程组**

$$\frac{\mathrm{d}Y}{\mathrm{d}x}=A(x)Y. \tag{3.1.2}$$

若 $f(x)$ 不恒为 $\mathbf{0}$, 称(3.1.1)是**非齐次线性微分方程组**.

一阶线性微分方程组(3.1.1)与一阶线性微分方程类似, 这种类似不仅在形式上, 一阶线性微分方程的一些性质和通解公式, 都可以类推到一阶线性微分方程组. 而一阶线性微分方程组的解法也依赖于初值条件, 并且其解的存在性和唯一性与一阶线性微分方程相似. 接下来, 介绍一阶线性微分方程组解的存在唯一性定理.

首先, 明确 n 维向量 Y 和矩阵 $A=(a_{ij})_{n\times n}$ 的形式,

$$Y=\begin{pmatrix} y_1 \\ y_2 \\ \vdots \\ y_n \end{pmatrix}, A=\begin{pmatrix} a_{11} & a_{12} & \cdots & a_{1n} \\ a_{21} & a_{22} & \cdots & a_{2n} \\ \vdots & \vdots & \cdots & \vdots \\ a_{n1} & a_{n2} & \cdots & a_{nn} \end{pmatrix},$$

定义

$$\|Y\|=\sum_{i=1}^n |y_i|,\quad \|A\|=\sum_{k,j=1}^n |a_{kj}|.$$

称 $\|Y\|$ 和 $\|A\|$ 分别为向量 Y 和矩阵 A 的范数. 容易证得以下性质:

1. $\|Y\|\geqslant \mathbf{0}$, 且 $\|Y\|=0$, 当且仅当 $Y=\mathbf{0}$(表示零向量, 下面一致).
2. $\|Y_1+Y_2\|\leqslant \|Y_1\|+\|Y_2\|$.
3. 对于任意的常数 α, 有 $\|\alpha Y\|=|\alpha|\|Y\|$.

4. $\|A\| \geqslant 0$.

5. $\|A + B\| \leqslant \|A\| + \|B\|$.

6. 对于任意的常数 γ, 有 $\|\gamma A\| = |\gamma|\|A\|$.

7. $\|YA\| \leqslant \|A\| * \|Y\|$.

8. $\|AB\| \leqslant \|A\|\|B\|$.

进而还有如下性质:
$$\left\|\int_{x_0}^x f(x)\mathrm{d}x\right\| \leqslant \left|\int_{x_0}^x \|f(x)\|\mathrm{d}x\right|.$$

其次, 有了 n 维空间的范数定义后, 则可以定义范数收敛的概念. 如果对 $[a,b]$ 上的任意 x, 有 $\lim\limits_{n\to\infty}\|Y_n(x) - Y(x)\| = 0$, 则称 $Y_n(x)$ 在 $[a,b]$ 上依范数收敛于 $Y(x)$. 如果上式对 $[a,b]$ 上的 x 是一致的, 则称 $Y_n(x)$ 在 $[a,b]$ 上依范数一致收敛于 $Y(x)$.

如果对固定的 $f(x)$ 有 $\lim\limits_{x\to x_0}\|f(x) - f(x_0)\| = 0$, 则称 $f(x)$ 在 x_0 连续. 如果 $f(x)$ 在区间 $[a,b]$ 上的每一点 x_0 都连续, 则称 $f(x)$ 在区间 $[a,b]$ 上连续.

最后, 根据以上对于范数的定义, 以及依范数收敛和连续的定义, 有如下的关于一阶线性微分方程组初值问题的解的存在唯一性定理.

定理 3.1.1 (存在唯一性定理) 一阶线性微分方程组(3.1.1)中 $A(x), f(x)$ 在区间 $a < x < b$ 上连续, 则方程组有且仅有一个满足初值条件 $Y(x_0) = Y_0$ 的解 $Y = Y(x)$, 其中 $x_0 \in (a,b)$ 和 $Y_0 \in \mathbf{R}^n$ 是任意给定的.

3.1.1 一阶齐次线性微分方程组

在讨论一阶非齐次线性微分方程组(3.1.1)之前, 首先考虑一阶齐次线性微分方程组(3.1.2).

定理 3.1.2 如果
$$Y_1(x) = \begin{pmatrix} y_{11}(x) \\ y_{21}(x) \\ \vdots \\ y_{n1}(x) \end{pmatrix}, \cdots, Y_n(x) = \begin{pmatrix} y_{1n}(x) \\ y_{2n}(x) \\ \vdots \\ y_{nn}(x) \end{pmatrix}$$

是方程组(3.1.2)的 n 个解, 则
$$Y(x) = C_1Y_1(x) + C_2Y_2(x) + \cdots + C_nY_n(x) \tag{3.1.3}$$

也是方程组(3.1.2)的解, 其中 $C_1, C_2, \cdots, C_n$ 是 n 个任意常数.

证: 只要将式(3.1.3)直接代入一阶齐次线性微分方程组(3.1.2), 就可得到一个恒等式.

为进一步研究一阶齐次线性微分方程组(3.1.2)的解的结构和性质, 我们先介绍以下的线性相关和线性无关概念.

定义 3.1.1 设
$$Y_1(x), Y_2(x), \cdots, Y_m(x)$$
是 m 个定义在区间 I 上的 n 维向量函数. 如果存在 m 个不全为零的常数 $C_1, C_2, \cdots, C_m$, 使得
$$C_1 Y_1(x) + C_2 Y_2(x) + \cdots + C_m Y_m(x) = 0$$
在区间 I 上恒成立, 则称这 m 个向量函数在区间 I 上线性相关; 否则称它们在区间 I 上线性无关.

所以易得, 两个向量函数 $Y_1(x), Y_2(x)$ 在区间 I 上线性相关的充要条件为 $Y_1(x), Y_2(x)$ 的对应分量成比例. 所以, 如果在向量组中有一零向量, 则该向量组中的向量在区间 I 上线性相关.

定理 3.1.3 假设 $Y_1(x), Y_2(x), \cdots, Y_n(x)$ 是齐次线性微分方程组(3.1.2)的 n 个线性无关解, 则线性组合 $Y(x) = C_1 Y_1(x) + C_2 Y_2(x) + \cdots + C_n Y_n(x)$ 是齐次线性微分方程组(3.1.2)的通解, 其中 $C_1, C_2, \cdots, C_n$ 是 n 个独立的任意常数.

我们设定
$$Y_1(x), Y_2(x), \cdots, Y_n(x) \tag{3.1.4}$$
是一阶齐次线性微分方程组的 n 个解. 下面介绍 n 维向量函数组(3.1.4)在其定义区间 I 上线性相关和线性无关的判断准则.

首先定义由向量组
$$Y_1(x) = \begin{pmatrix} y_{11}(x) \\ y_{21}(x) \\ \vdots \\ y_{n1}(x) \end{pmatrix}, \cdots, Y_n(x) = \begin{pmatrix} y_{1n}(x) \\ y_{2n}(x) \\ \vdots \\ y_{nn}(x) \end{pmatrix}$$

构成的行列式
$$W(x) = \begin{vmatrix} y_{11}(x) & y_{12}(x) & \cdots & y_{1n}(x) \\ y_{21}(x) & y_{22}(x) & \cdots & y_{2n}(x) \\ \cdots & \cdots & \cdots & \cdots \\ y_{n1}(x) & y_{n2}(x) & \cdots & y_{nn}(x) \end{vmatrix}$$

为向量组的**朗斯基 (Wronskian) 行列式**.

利用朗斯基行列式可判断向量函数组 $Y_1(x), Y_2(x), \cdots, Y_n(x)$ 的线性相关与线性无关性.

定理 3.1.4 如果向量组在区间 I 上线性相关, 则它的朗斯基行列式 $W(x)$ 在区间 I 上恒等于零.

定理 3.1.5 如果 $Y_1(x), Y_2(x), \cdots, Y_n(x)$ 是方程组的 n 个线性无关的解, 则由其构成的朗斯基行列式 $W(x)$ 在区间 I 上恒不为零.

由以上两个定理可得到以下的推论.

推论 3.1.1 向量组 $Y_1(x), Y_2(x), \cdots, Y_n(x)$ 在区间 I 上线性无关的充要条件是其朗斯基行列式 $W(x)$ 在区间 I 上某一点 x_0 处不等于零.

推论 3.1.2 方程组的 n 个解在区间 I 上线性相关的充要条件是其朗斯基行列式 $W(x)$ 在其定义区间 I 上存在一点 x_0 有 $W(x_0) = 0$.

推论 3.1.3 方程组的 n 个解在区间 I 上线性无关的充要条件是其朗斯基行列式 $W(x)$ 在其定义区间 I 上任意一点不等于 0.

齐次线性微分方程组(3.1.2)的解和其系数之间有如下关系:

定理 3.1.6 如果 $Y_1(x), Y_2(x), \cdots, Y_n(x)$ 是齐次线性微分方程组(3.1.2)的 n 个解, 则这 n 个解所构成的朗斯基行列式与(3.1.2)的系数之间有如下关系:

$$W(x) = W(x_0) e^{\int_{x_0}^{x} [a_{11}(t) + a_{22}(t) + \cdots + a_{nn}(t)] dt},$$

这个关系式称为刘维尔 (Liouville) 公式.

定理 3.1.7 齐次线性微分方程组(3.1.2)的解组(3.1.4)是线性无关的充要条件为

$$W(x) \neq 0 (a < x < b). \tag{3.1.5}$$

证：由刘维尔公式可知, 条件(3.1.5)等价于 $W(x_0) \neq 0$, 而它又等价于初值向量组

$$Y_1(x_0), Y_2(x_0), \cdots, Y_n(x_0)$$

在 $\mathbf{R}^n$ 中是线性无关的. 由解的线性叠加性, 定义映射 $H : \mathbf{R}^n \longrightarrow S$ (S 为解空间), 使得对任意常数 $C_1, C_2, \cdots, C_n$, 有

$$H(C_1 Y_1(x_0) + C_2 Y_2(x_0) + \cdots + C_n Y_n(x_0)) = C_1 Y_1(x) + C_2 Y_2(x) + \cdots + C_n Y_n(x).$$

显然 H 是线性映射, 且满足 $H(0) = 0$, 易知向量组(3.1.4)在 $\mathbf{R}^n$ 中是线性无关的.

推论 3.1.4 解组(3.1.4)是线性相关的充要条件为 $W(x) = 0 (a < x < b)$.

例 3.1.1 验证微分方程组

$$\frac{d}{dx} \begin{pmatrix} y_1 \\ y_2 \end{pmatrix} = \begin{pmatrix} \cos^2 x & \frac{1}{2} \sin 2x - 1 \\ \frac{1}{2} \sin 2x + 1 & \sin^2 x \end{pmatrix} \begin{pmatrix} y_1 \\ y_2 \end{pmatrix} \tag{3.1.6}$$

的通解为

$$\begin{pmatrix} y_1 \\ y_2 \end{pmatrix} = C_1 \begin{pmatrix} e^x \cos x \\ e^x \sin x \end{pmatrix} + C_2 \begin{pmatrix} -\sin x \\ \cos x \end{pmatrix}. \tag{3.1.7}$$

解： 不难验证，

$$\begin{pmatrix} e^x \cos x \\ e^x \sin x \end{pmatrix}, \begin{pmatrix} -\sin x \\ \cos x \end{pmatrix} \tag{3.1.8}$$

是齐次线性微分方程组(3.1.6)在区间 $-\infty < x < +\infty$ 上的两个解，且它们的朗斯基行列式 $W(x)$ 在 $x=0$ 处的值

$$W(0) = \begin{vmatrix} 1 & 0 \\ 0 & 1 \end{vmatrix} = 1 \neq 0.$$

所以(3.1.8)是一个基本解组，从而式(3.1.7)是通解．

3.1.2 一阶非齐次线性微分方程组

对于齐次线性微分方程组(3.1.2)的 n 个解 $Y_1(x), Y_2(x), \cdots, Y_n(x)$，矩阵

$$\boldsymbol{\Phi}(x) = \begin{pmatrix} y_{11}(x) & y_{12}(x) & \cdots & y_{1n}(x) \\ y_{21}(x) & y_{22}(x) & \cdots & y_{2n}(x) \\ \cdots & \cdots & \cdots & \cdots \\ y_{n1}(x) & y_{n2}(x) & \cdots & y_{nn}(x) \end{pmatrix}$$

称为解组所对应的**解矩阵**．若解组为线性无关的，则称矩阵 $\boldsymbol{\Phi}(x)$ 为**基解矩阵**．

现在，可以利用之前的结果来推导非齐次线性微分方程组

$$\frac{dY}{dx} = A(x)Y + f(x)$$

的通解结构．

定理 3.1.8 如果 $\tilde{Y}(x)$ 是非齐次线性微分方程组(3.1.1)的解，$Y_0(x)$ 是其对应的齐次线性微分方程组(3.1.2)的解，则 $Y_0(x) + \tilde{Y}(x)$ 是非齐次线性微分方程组(3.1.1)的解．

定理 3.1.9 任意非齐次线性微分方程组(3.1.1)的任意两个解之差是其对应的齐次线性微分方程组(3.1.2)的解．

定理 3.1.10 非齐次线性微分方程组(3.1.1)的通解等于其对应的齐次线性微分方程组(3.1.2)的通解与非齐次线性微分方程组(3.1.1)的一个特解之和．即若 $\tilde{Y}(x)$ 是非齐次线性微分方程组(3.1.1)的一个特解，$Y_1(x), Y_2(x), \cdots, Y_n(x)$ 是对应的齐次线性微分方程组(3.1.2)的一个基本解组，则非齐次线性微分方程组(3.1.1)的一个通解为

$$Y(x) = C_1 Y_1(x) + C_2 Y_2(x) + \cdots + C_n Y_n(x) + \tilde{Y}(x),$$

这里的 $C_1, C_2, \cdots, C_n$ 是任意常数．

常数变易法 齐次线性微分方程组(3.1.2) 的通解可表示为

$$Y(x) = \Phi(x)C,$$

其中 $C = (C_1, C_2, \cdots, C_n)^{\mathrm{T}}$，它的各个分量 $C_i (i = 1, 2, \cdots, n)$ 为任意常数. 现在求非齐次线性微分方程组(3.1.1)的形如

$$\tilde{Y}(x) = \Phi(x)C(x)$$

的解，其中 $C(x) = (C_1(x), C_2(x), \cdots, C_n(x))^{\mathrm{T}}$ 为待定向量函数. 将上式带入非齐次线性微分方程组有

$$\Phi'(x)C(x) + \Phi(x)C'(x) = A(x)\Phi(x)C(x) + f(x),$$

其中

$$\Phi'(x) = \begin{pmatrix} y'_{11}(x) & y'_{12}(x) & \cdots & y'_{1n}(x) \\ y'_{21}(x) & y'_{22}(x) & \cdots & y'_{2n}(x) \\ \cdots & \cdots & \cdots & \cdots \\ y'_{n1}(x) & y'_{n2}(x) & \cdots & y'_{nn}(x) \end{pmatrix}.$$

因为 $\Phi(x)$ 是齐次线性微分方程组的基解矩阵，所以有 $\Phi'(x) = A(x)\Phi(x)$. 从而，上式变为

$$\Phi(x)C'(x) = f(x).$$

由于 $\Phi(x)$ 是非奇异矩阵，故 $\Phi^{-1}(x)$ 存在，于是

$$C'(x) = \Phi^{-1}(x)f(x),$$

积分得

$$C(x) = \int_{x_0}^{x} \Phi^{-1}(t)f(t)\mathrm{d}t,$$

其中 x_0 为 I 中任意一点. 带入 $\tilde{Y}(x) = \Phi(x)C(x)$，得到

$$\tilde{Y}(x) = \int_{x_0}^{x} \Phi(x)\Phi^{-1}(t)f(t)\mathrm{d}t,$$

显然 $\tilde{Y}(x)$ 是非齐次线性微分方程组的一个特解，于是得到非齐次线性微分方程组(3.1.1)的通解公式

$$Y(x) = \Phi(x)C(x) + \int_{x_0}^{x} \Phi(x)\Phi^{-1}(t)f(t)\mathrm{d}t.$$

引理 3.1.1 如果 $\Phi(x)$ 是与方程组(3.1.1)对应的齐次线性微分方程组(3.1.2) 的一个基解矩阵，$\varphi^*(x)$ 是方程组(3.1.1)的一个特解，则它的任一解 $Y = \varphi(x)$ 可以表示为 $Y(x) = \Phi(x)C + \varphi^*(x)$，其中 C 是一个与 $Y(x)$ 无关的常数列向量.

证：容易证明 $\varphi(x) - \varphi^*(x)$ 是方程组(3.1.2)的一个解. 因此，必存在常数列向量 C，使得 $\varphi(x) - \varphi^*(x) = \Phi(x)C$，这正是所要证明的.

引理3.1.1说明，为了得出方程组(3.1.2)的通解，只需知道它的一个基解矩阵 $Y(x)$ 和方程组(3.1.1)的一个特解 $\varphi^*(x)$. 然而利用下述常数变易法，我们只需知道 $Y(x)$ 就足够了.

引理 3.1.2 设 $\boldsymbol{\Phi}(x)$ 是方程组(3.1.2)的一个基解矩阵，则

$$\boldsymbol{\varphi}^*(x) = \boldsymbol{\Phi}(x)\int_{x_0}^{x} \boldsymbol{\Phi}^{-1}(s)\boldsymbol{f}(s)\mathrm{d}s$$

给出了非齐次线性微分方程组(3.1.1)的一个特解.

综合这两个引理，我们有下面结论.

定理 3.1.11 设 $\boldsymbol{\Phi}(x)$ 是方程组(3.1.2)的一个基解矩阵，则非齐次线性微分方程组(3.1.1)在区间 $a < x < b$ 上的通解可以表示为

$$\boldsymbol{Y} = \boldsymbol{\Phi}(x)(\boldsymbol{C} + \int_{x_0}^{x} \boldsymbol{\Phi}^{-1}(s)\boldsymbol{f}(s)\mathrm{d}s),$$

其中 $\boldsymbol{C}$ 是任意的 n 维常数列向量，而且方程组(3.1.1)满足初始条件 $\boldsymbol{Y}(x_0) = \boldsymbol{Y}_0$ 的解为

$$\boldsymbol{Y} = \boldsymbol{\Phi}(x)\boldsymbol{\Phi}^{-1}(x_0)\boldsymbol{Y}_0 + \boldsymbol{\Phi}(x)\int_{x_0}^{x} \boldsymbol{\Phi}^{-1}(s)\boldsymbol{f}(s)\mathrm{d}s,$$

其中 $x_0 \in (a, b)$.

习题

1. 求出齐次线性微分方程组 $\dfrac{\mathrm{d}\boldsymbol{Y}}{\mathrm{d}t} = \boldsymbol{A}(t)\boldsymbol{Y}$ 的通解，其中 $\boldsymbol{A}(t)$ 分别为：

(1) $\boldsymbol{A}(t) = \begin{pmatrix} \dfrac{1}{t} & 0 \\ 0 & \dfrac{1}{t} \end{pmatrix}, t \neq 0$; (2) $\boldsymbol{A}(t) = \begin{pmatrix} 1 & 1 \\ 0 & 1 \end{pmatrix}$.

2. 求解下列非齐次线性微分方程组的初值问题：

(1) $\begin{cases} \dfrac{\mathrm{d}x}{\mathrm{d}t} = 1 - \dfrac{2}{t}x, \quad \dfrac{\mathrm{d}y}{\mathrm{d}t} = x + y - 1 + \dfrac{2}{t}x, (t > 0) \\ x(1) = \dfrac{1}{3}, \qquad y(1) = -\dfrac{1}{3}. \end{cases}$

(2) $\begin{cases} \dfrac{\mathrm{d}x}{\mathrm{d}t} = \dfrac{2t}{1+t^2}x, \quad \dfrac{\mathrm{d}y}{\mathrm{d}t} = -\dfrac{1}{t}y + x + t, (t > 0) \\ x(1) = 0, \qquad y(1) = -\dfrac{4}{3}. \end{cases}$

3. 试证基解矩阵完全决定齐次线性微分方程组，即如果方程组 $\dfrac{\mathrm{d}\boldsymbol{Y}}{\mathrm{d}x} = \boldsymbol{A}(x)\boldsymbol{Y}$ 与 $\dfrac{\mathrm{d}\boldsymbol{Y}}{\mathrm{d}x} = \boldsymbol{B}(x)\boldsymbol{Y}$ 有一个相同的基解矩阵，则 $\boldsymbol{A}(x) = \boldsymbol{B}(x)$.

4. 设非齐次线性微分方程组(3.1.1)中的 $\boldsymbol{f}(x)$ 不恒等于 $\boldsymbol{0}$，则当 $a < x < b$ 时，方程组 (3.1.1) 有且至多有 $n+1$ 个线性无关解.

3.2 常系数线性微分方程组

所谓常系数线性微分方程组, 指的是线性微分方程组

$$\frac{dY}{dx} = AY + f(x) \tag{3.2.1}$$

中的系数矩阵 A 为 $n \times n$ 的实常数矩阵, 而 $f(x)$ 是在 $a < x < b$ 上连续的向量函数. 根据前部分内容易知, 求解非齐次线性微分方程组(3.2.1)的关键是求出相应齐次线性微分方程组

$$\frac{dY}{dx} = AY \tag{3.2.2}$$

的一个基解矩阵.

本节将介绍两种求解常系数齐次线性微分方程组解法, 分别为若尔当 (Jordan) 标准型求解和矩阵指数求解.

3.2.1 利用若尔当标准型求基解矩阵

根据线性代数的结果, 对于每一个 n 阶矩阵 A, 存在 n 阶非奇异矩阵 P, 使得

$$A = PJP^{-1},$$

其中

$$J = \begin{pmatrix} J_1 & & & \\ & J_2 & & \\ & & \ddots & \\ & & & J_m \end{pmatrix}$$

为若尔当标准型. 假设若尔当块

$$J_i = \begin{pmatrix} \lambda_i & 1 & & \\ & \lambda_i & \ddots & \\ & & \ddots & 1 \\ & & & \lambda_i \end{pmatrix}$$

是 n_i 阶的, $i = 1, 2, \cdots, m$, 且 $n_1 + n_2 + \cdots + n_m = n$, 则 J_i 有如下分解式:

$$J_i = \begin{pmatrix} \lambda_i & & & \\ & \lambda_i & & \\ & & \ddots & \\ & & & \lambda_i \end{pmatrix} + \begin{pmatrix} 0 & 1 & & \\ & 0 & \ddots & \\ & & \ddots & 1 \\ & & & 0 \end{pmatrix},$$

其中右侧第一个矩阵具有 $\lambda_i \boldsymbol{E}$ 的形式, 而第二个矩阵是幂零的 (它的 n_i 次幂为零矩阵). 由于矩阵 $\lambda_i \boldsymbol{E}$ 与任何矩阵都可交换, 因此

$$\mathrm{e}^{x\boldsymbol{J}_i} = \mathrm{e}^{\lambda_i x \boldsymbol{E}} \left[\boldsymbol{E} + x \begin{pmatrix} 0 & 1 & & & \\ & \ddots & \ddots & & \\ & & \ddots & \ddots & \\ & & & \ddots & 0 \\ & & & & 0 \end{pmatrix} + \frac{x^2}{2!} \begin{pmatrix} 0 & 0 & 1 & & \\ & \ddots & \ddots & \ddots & \\ & & \ddots & \ddots & 1 \\ & & & \ddots & 0 \\ & & & & 0 \end{pmatrix} + \cdots \right.$$

$$\left. + \frac{x^{n_i-1}}{(n_i-1)!} \mathrm{e}^{\lambda_i x \boldsymbol{E}} \begin{pmatrix} 0 & \cdots & \cdots & 0 & 1 \\ 0 & \cdots & \cdots & & 0 \\ & \ddots & & & \vdots \\ & & \ddots & & \vdots \\ & & & & 0 \end{pmatrix} \right.,$$

由此得到它的初等函数有限和的形式, 即

$$\mathrm{e}^{x\boldsymbol{J}_i} = \mathrm{e}^{\lambda_i x} \begin{pmatrix} 1 & x & \dfrac{x^2}{2!} & \cdots & \cdots & \dfrac{x^{n_i-1}}{(n_i-1)!} \\ & 1 & x & \cdots & \cdots & \dfrac{x^{n_i-2}}{(n_i-2)!} \\ & & \ddots & \ddots & & \vdots \\ & & & \ddots & \ddots & \vdots \\ & & & & \ddots & x \\ & & & & & 1 \end{pmatrix}, \tag{3.2.3}$$

其中 $i = 1, 2, \cdots, m$. 容易得到

$$\mathrm{e}^{x\boldsymbol{J}} = \begin{pmatrix} \mathrm{e}^{x\boldsymbol{J}_1} & & & \\ & \mathrm{e}^{x\boldsymbol{J}_2} & & \\ & & \ddots & \\ & & & \mathrm{e}^{x\boldsymbol{J}_m} \end{pmatrix}.$$

另一方面

$$\mathrm{e}^{x\boldsymbol{A}} = \mathrm{e}^{\boldsymbol{P}x\boldsymbol{J}\boldsymbol{P}^{-1}} = \boldsymbol{P}\mathrm{e}^{x\boldsymbol{J}}\boldsymbol{P}^{-1}, \tag{3.2.4}$$

式(3.2.4)提供了实际计算方程组(3.2.2)的基解矩阵 $\mathrm{e}^{x\boldsymbol{A}}$ 的一个方法. 另外, 利用 $\boldsymbol{P}$ 的可逆性和上一节的推论, 我们知道 $\mathrm{e}^{x\boldsymbol{A}}\boldsymbol{P}$ 也是方程组(3.2.2)的一个基解矩阵, 而且由式(3.2.4) 得到

$$(\mathrm{e}^{x\boldsymbol{A}})\boldsymbol{P} = \boldsymbol{P}\mathrm{e}^{x\boldsymbol{J}}, \tag{3.2.5}$$

即
$$e^{xA}P = P\begin{pmatrix} e^{xJ_1} & & & \\ & e^{xJ_2} & & \\ & & \ddots & \\ & & & e^{xJ_m} \end{pmatrix}, \tag{3.2.6}$$

其中 $e^{xJ_i}(i = 1, 2, \cdots, m)$ 由式(3.2.3)给出. 从式(3.2.5)或式(3.2.6)来求方程组(3.2.2)的基解矩阵, 与式(3.2.4)相比, 可以避免求逆矩阵并减少一次矩阵乘法的运算. 尽管如此, 求若尔当标准型 J 及过渡矩阵 P 的计算量仍很大, 所以有必要寻找比较简便的替代方法——**待定指数函数法**.

现在, 我们可把上面理论分析所得到的式(3.2.6)应用于待定指数函数法, 直接求得方程组(3.2.2)的相应基解矩阵. 首先, 由于矩阵 A 的若尔当标准型依赖于它的特征根的重数, 我们将区分两种不同的情况.

1. 系数矩阵 A 只有单特征根

设 A 的特征根 $\lambda_1, \lambda_2, \cdots, \lambda_n$ 均为单根, 因此它们互不相同, 则 A 的若尔当标准型 J 就是一个对角矩阵, 由式(3.2.5)得到相应的基解矩阵

$$\boldsymbol{\Phi}(x) = e^{xA}P = P\begin{pmatrix} e^{\lambda_1 x} & & & \\ & e^{\lambda_2 x} & & \\ & & \ddots & \\ & & & e^{\lambda_n x} \end{pmatrix},$$

注意, $\boldsymbol{\Phi}(0) = P$. 由此可见

$$e^{xA} = \boldsymbol{\Phi}(x)\boldsymbol{\Phi}^{-1}(0). \tag{3.2.7}$$

因此, 问题归为如何确定矩阵 P. 令 r_i 表示 P 的第 i 列向量, 则基解矩阵为

$$\boldsymbol{\Phi}(x) = \begin{pmatrix} e^{\lambda_1 x}\boldsymbol{r}_1, & e^{\lambda_2 x}\boldsymbol{r}_2, & \cdots, & e^{\lambda_n x}\boldsymbol{r}_n \end{pmatrix},$$

它告诉我们方程组(3.2.2)有如下形式的解:

$$e^{\lambda_i x}\boldsymbol{r}_i,$$

其中 $\boldsymbol{r}_i$ 是一个待定的常数列向量. 下面的引理给出了一个求 $\boldsymbol{r}_i$ 的方法.

引理 3.2.1 微分方程组(3.2.2)有非零解 $\boldsymbol{Y} = e^{\lambda x}\boldsymbol{r}$, 当且仅当 λ 是矩阵 A 的特征根, 且 $\boldsymbol{r}$ 是与 λ 相应的特征向量.

证: 代入法推出 $\boldsymbol{Y} = e^{\lambda x}\boldsymbol{r}$ 是微分方程组(3.2.2)的解, 当且仅当

$$\lambda e^{\lambda x}\boldsymbol{r} = A e^{\lambda x}\boldsymbol{r}, \forall x \in (a, b),$$

它等价于求齐次线性方程组

$$(A - \lambda E)\boldsymbol{r} = 0$$

的非零解 r, 即与 A 的特征根 λ 相应的特征方程.

定理 3.2.1 设 n 阶矩阵 A 有 n 个互不相同的特征根 $\lambda_1, \lambda_2, \cdots, \lambda_n$, 则矩阵函数
$$\Phi(x) = \begin{pmatrix} e^{\lambda_1 x} r_1, & e^{\lambda_2 x} r_2, & \cdots, & e^{\lambda_n x} r_n \end{pmatrix}$$
是方程组(3.2.2)的一个基解矩阵, 其中 r_i 是 A 的与 λ_i 相应的特征向量.

证: 由引理3.2.1可知, $\Phi(x)$ 是方程组(3.2.2)的解矩阵. 另外, 由线性代数的结果, 对应于不同特征根的特征向量组是线性无关的, 所以
$$\det \Phi(0) = \det \begin{pmatrix} r_1, & \cdots, & r_n \end{pmatrix} \neq 0.$$
再由朗斯基行列式的性质可知, $\Phi(x)$ 是方程组(3.2.2)的一个基解矩阵.

【附注 1】

定理 3.2.2 设 $r_1, \cdots, r_n$ 是矩阵 A 的 n 个线性无关的特征向量, 则矩阵函数
$$\Phi(x) = \begin{pmatrix} e^{\lambda_1 x} r_1, & \cdots, & e^{\lambda_n x} r_n \end{pmatrix}$$
是方程组(3.2.2)的一个基解矩阵, 其中 $\lambda_1, \lambda_2, \cdots, \lambda_n$ 是矩阵 A 的与 $r_1, \cdots, r_n$ 相应的特征根, 它们不必互不相同.

【附注 2】

虽然 A 是实矩阵, 但它有可能有(共轭的)复特征根, 矩阵 $\Phi(x)$ 可能是复的. 但是, 当 A 为实矩阵时, 矩阵 e^{xA} 是实的. 因此, 我们可以利用公式(3.2.7), 从复矩阵 $\Phi(x)$ 得到所需的实基解矩阵 e^{xA}.

由于在式(3.2.7)中需要计算逆矩阵 $\Phi^{-1}(0)$, 因此在具体计算过程中具有一定的难度, 特别当 n 较大时. 下面再介绍一个从复值解求实值解的方法.

设方程组(3.2.2)有一个复值解
$$Y_1 = u(x) + iv(x),$$
则在方程组(3.2.2)两侧取共轭, 易知 Y_1 的共轭
$$Y_2 = u(x) - iv(x)$$
也是方程组(3.2.2)的一个复值解. 从而它们的实部 $u(x) = \dfrac{1}{2}(Y_1 + Y_2)$ 和虚部 $v(x) = \dfrac{1}{2i}(Y_1 - Y_2)$ 都是方程组(3.2.2)的实值解. 不难看出, 用这种方法可把解矩阵 $\Phi(x)$ 中所有复值解都换成实值解, 最后得到 n 个线性无关的实值解.

例 3.2.1 求微分方程组
$$\frac{dY}{dx} = \begin{pmatrix} 5 & -28 & -18 \\ -1 & 5 & 3 \\ 3 & -16 & -10 \end{pmatrix} Y$$
的通解.

解：容易算出
$$\det(\boldsymbol{A} - \lambda \boldsymbol{E}) = \lambda(1 - \lambda^2).$$

因此矩阵 $\boldsymbol{A}$ 有特征根 $\lambda_1 = 0, \lambda_2 = 1, \lambda_3 = -1$. 通过计算知, 相应的特征向量可以取为
$$\boldsymbol{r}_1 = \begin{pmatrix} -2 \\ -1 \\ 1 \end{pmatrix}, \boldsymbol{r}_2 = \begin{pmatrix} 2 \\ -1 \\ 2 \end{pmatrix}, \boldsymbol{r}_3 = \begin{pmatrix} 3 \\ 0 \\ 1 \end{pmatrix}.$$

因此, 所求的通解为
$$\boldsymbol{Y} = C_1 \begin{pmatrix} -2 \\ -1 \\ 1 \end{pmatrix} + C_2 \begin{pmatrix} 2 \\ -1 \\ 2 \end{pmatrix} \mathrm{e}^x + C_3 \begin{pmatrix} 3 \\ 0 \\ 1 \end{pmatrix} \mathrm{e}^{-x},$$

其中 C_1, C_2 和 C_3 为任意常数.

2. 系数矩阵 $\boldsymbol{A}$ 有重特征根

假设矩阵 $\boldsymbol{A}$ 有互不相同的特征根 $\lambda_1, \cdots, \lambda_s$, 而相应的重数分别为正整数 $n_1, \cdots, n_s$, 其中 $n_1 + \cdots + n_s = n$. 在 $\boldsymbol{A}$ 的若尔当标准型 $\boldsymbol{J}$ 中, 与 λ_i 对应的若尔当块可能不止一个, 这些若尔当块的阶数之和为 $n_i (i = 1, \cdots, s)$. 从式(3.2.6)可以推出, 在方程组(3.2.2)的基解矩阵 $\mathrm{e}^{x\boldsymbol{A}} \boldsymbol{P}$ 的所有列向量中, 与 λ_i 相关的 n_i 列都具有下列形式:

$$\boldsymbol{Y} = \mathrm{e}^{\lambda_i x}(\boldsymbol{r}_0 + \frac{x}{1!}\boldsymbol{r}_1 + \frac{x^2}{2!}\boldsymbol{r}_2 + \cdots + \frac{x^{n_i-1}}{(n_i-1)!}\boldsymbol{r}_{n_i-1}), \tag{3.2.8}$$

其中 $\boldsymbol{r}_j (j = 0, 1, \cdots, n_i - 1)$ 是 n 维常数列向量. 下面的引理给出了确定 $\boldsymbol{r}_j$ 的方法.

引理 3.2.2 设 λ_i 是矩阵 $\boldsymbol{A}$ 的 n_i 重特征根, 则方程组(3.2.2)有形如式(3.2.8) 的非零解的充要条件是: $\boldsymbol{r}_0$ 是齐次线性代数方程组
$$(\boldsymbol{A} - \lambda_i \boldsymbol{E})^{n_i} \boldsymbol{r} = 0 \tag{3.2.9}$$

的一个非零解, 而且式(3.2.8)中的 $\boldsymbol{r}_1, \cdots, \boldsymbol{r}_{n_i-1}$ 是由下面的关系式逐次决定的:

$$\begin{cases} \boldsymbol{r}_1 = (\boldsymbol{A} - \lambda_i \boldsymbol{E})\boldsymbol{r}_0, \\ \boldsymbol{r}_2 = (\boldsymbol{A} - \lambda_i \boldsymbol{E})\boldsymbol{r}_1, \\ \cdots \cdots \\ \boldsymbol{r}_{n_i-1} = (\boldsymbol{A} - \lambda_i \boldsymbol{E})\boldsymbol{r}_{n_i-2}. \end{cases} \tag{3.2.10}$$

定理 3.2.3 设 n 阶实值矩阵 $\boldsymbol{A}$ 在复域中互不相同的特征根是 $\lambda_1, \cdots, \lambda_s$, 而相应的重数分别为正整数 $n_1, \cdots, n_s (n_1 + \cdots + n_s = n)$. 则常系数齐次线性微分方程组(3.2.2)有基解矩阵

$$\boldsymbol{\Phi}(x) = [\mathrm{e}^{\lambda_1 x} \boldsymbol{P}_1^{(1)}(x), \cdots, \mathrm{e}^{\lambda_1 x} \boldsymbol{P}_{n_1}^{(1)}(x); \cdots; \mathrm{e}^{\lambda_s x} \boldsymbol{P}_1^{(s)}(x), \cdots, \mathrm{e}^{\lambda_s x} \boldsymbol{P}_{n_s}^{(s)}(x)],$$

其中
$$P_j^{(i)} = r_{j0}^i + \frac{x}{1!}r_{j1}^i + \frac{x^2}{2!}r_{j2}^i + \cdots + \frac{x^{n_i-1}}{(n_i-1)!}r_{jn_i-1}^{(i)}$$

是与 λ_i 相应的第 j 个向量多项式 $(i = 1, 2, \cdots, s; j = 1, 2, \cdots, n_i)$,而 $r_{10}^{(i)}, \cdots, r_{n0}^{(i)}$ 是齐次线性代数方程组(3.2.9)的 n_i 个线性无关解,且

$$r_{j0}^{(i)}(i = 1, 2, \cdots, s; j = 1, 2, \cdots, n_i; k = 1, 2, \cdots, n_i - 1)$$

是把 $r_{j0}^{(i)}$ 代替方程组(3.2.10)中的 r_0 而依次得到的 r_k.

此外,当所得出的 $\boldsymbol{\Phi}(x)$ 是复值时,可利用本节附注 2 所述的方法,从 $\boldsymbol{\Phi}(x)$ 提取实值基解矩阵.

例 3.2.2 求解微分方程组

$$\frac{d\boldsymbol{Y}}{dx} = \begin{pmatrix} -5 & -10 & -20 \\ 5 & 5 & 10 \\ 2 & 4 & 9 \end{pmatrix} \boldsymbol{Y}.$$

解: 由于 $\det(\boldsymbol{A} - \lambda \boldsymbol{E}) = -(\lambda - 5)(\lambda^2 - 4\lambda + 5)$,因此矩阵 $\boldsymbol{A}$ 有单重特征根 5 和单重共轭特征根 $2+i$ 和 $2-i$. 求出与这三个特征根相应的特征向量,并把它们分别作为列向量,就可得到一个基解矩阵

$$\boldsymbol{\Phi}(x) = \begin{pmatrix} -2e^{5x} & (3+i)e^{(2+i)x} & (3-i)e^{(2-i)x} \\ 0 & (2-i)e^{(2+i)x} & (2+i)e^{(2-i)x} \\ e^{5x} & -2e^{(2+i)x} & -2e^{(2-i)x} \end{pmatrix},$$

采取本节附注 2 所述的方法,从 $\boldsymbol{\Phi}(x)$ 的第二 (或第三) 列提取实部与虚部,再与第一列合在一起,就得到一个实值基解矩阵.

$$\tilde{\boldsymbol{\Phi}}(x) = \begin{pmatrix} -2e^{5x} & (3\cos x - \sin x)e^{2x} & (\cos x + 3\sin x)e^{2x} \\ 0 & (2\cos x + \sin x)e^{2x} & (-\cos x + 2\sin x)e^{2x} \\ e^{5x} & -2\cos x e^{2x} & -2\sin x e^{2x} \end{pmatrix},$$

(也可以直接验证,

$$|\tilde{\boldsymbol{\Phi}}(0)| = \begin{vmatrix} -2 & 3 & 1 \\ 0 & 2 & -1 \\ 1 & -2 & 0 \end{vmatrix}$$

不等于零.) 所以,所求通解为

$$y = \tilde{\boldsymbol{\Phi}}(x)\boldsymbol{C},$$

其中 $\boldsymbol{C}$ 为三维的任意常数列向量.

3.2.2 矩阵指数方法*

当 $n = 1$ 时, 矩阵 A 就是一个实数 a, 这时方程组(3.2.2) 为

$$\frac{\mathrm{d}y}{\mathrm{d}x} = ay, \tag{3.2.11}$$

它的通解为 $y = C\mathrm{e}^{ax}$, 其中 C 为任意常数. 换句话说, e^{ax} 是方程(3.2.11) 的一个基解矩阵. 一个自然的设想是, 常系数线性微分方程组(3.2.2) 有一个基解矩阵 e^{xA}. 因此需要先考虑矩阵位于指数位置时如何定义.

令 μ 表示由一切 n 阶 (实常数) 矩阵组成的集合. 在线性代数中, 已知 μ 是一个 n^2 维的线性空间. 对 μ 中的任意元素 $A = (a_{ij})_{n \times n}$, 定义它的模为

$$\|A\| = \sum_{i,j=1}^{n} |a_{ij}|,$$

则易证

1. $\|A\| \geqslant 0$, 而且 $\|A\| = 0$ 当且仅当 $A = \mathbf{0}$(零矩阵).
2. 对于任意 $A, B \in \mu$, 有不等式 $\|A + B\| \leqslant \|A\| + \|B\|$.

已知在 μ 中有模 $\|\cdot\|$, 因此可以类似实数域中的数学分析来定义矩阵序列、柯西矩阵序列和矩阵无穷级数及其收敛性的概念. 而且容易证明, 在 μ 中任意柯西序列都是收敛的, 即线性空间 μ 关于模 $\|\cdot\|$ 是完备的. 另外, 在 μ 中还有相应的乘法运算, 即对于任意 $A, B \in \mu$, 有 $AB \in \mu$.

3. $\|AB\| \leqslant \|A\| \cdot \|B\|$.

利用上述性质, 有

$$\|A^k\| \leqslant \|A\|^k (k \geqslant 1),$$

通常令 A^0 为 n 阶单位矩阵 E. 注意上述不等式对 $k = 0$ 不成立. 由此不难证明下述命题.

引理 3.2.3 矩阵 A 的幂级数 $E + A + \dfrac{1}{2!}A^2 + \cdots + \dfrac{1}{k!}A^k + \cdots$ 是绝对收敛的.

现以记号 e^A(或 $\exp A$) 表示上述矩阵幂级数的和, 并称它为矩阵 A 的指数函数, 即

$$\mathrm{e}^A = \sum_{k=0}^{\infty} \frac{A^k}{k!},$$

注意 $\mathrm{e}^A \in \mu$. 另外, 当 A 是 1 阶矩阵 (实数) 时, e^A 就是通常的指数函数. 现在, 考察一般矩阵指数函数的性质.

引理 3.2.4 矩阵指数函数有下面的性质:
1. 若矩阵 A 和 A 是可交换的, 即 $AB = BA$, 则 $\mathrm{e}^{A+B} = \mathrm{e}^A \mathrm{e}^B$.
2. 对任意矩阵 A, 指数函数 e^A 是可逆的, 且 $(\mathrm{e}^A)^{-1} = \mathrm{e}^{-A}$.
3. 若 P 是一个非奇异的 n 阶矩阵, 则 $\mathrm{e}^{PAP^{-1}} = P\mathrm{e}^A P^{-1}$.

证明留给读者. 现在, 我们可以利用矩阵指数函数求得常系数齐次线性微分方程组的基解矩阵, 从而得到它的通解.

定理 3.2.4 矩阵指数函数 $\boldsymbol{\Phi}(x) = \mathrm{e}^{x\boldsymbol{A}}$ 是常系数齐次线性微分方程组(3.2.2)的一个标准基解矩阵, 即 $\boldsymbol{\Phi}(x)$ 是基解矩阵且 $\boldsymbol{\Phi}(0) = \boldsymbol{E}$.

证: 在自变量 x 的任意有限区间上, 易知矩阵指数函数

$$\mathrm{e}^{x\boldsymbol{A}} = \boldsymbol{E} + x\boldsymbol{A} + \frac{x^2}{2!}\boldsymbol{A}^2 + \cdots + \frac{x^k}{k!}\boldsymbol{A}^k + \cdots$$

是一致收敛的, 而且可以利用逐项微分法则, 得到

$$\begin{aligned}\frac{\mathrm{d}\boldsymbol{\Phi}(x)}{\mathrm{d}x} &= \frac{\mathrm{d}}{\mathrm{d}x}\mathrm{e}^{x\boldsymbol{A}} = \boldsymbol{A} + x\boldsymbol{A}^2 + \frac{x^2}{2!}\boldsymbol{A}^3 + \cdots + \frac{x^{k-1}}{(k-1)!}\boldsymbol{A}^k + \cdots \\ &= \boldsymbol{A}(\boldsymbol{E} + x\boldsymbol{A} + \frac{x^2}{2!}\boldsymbol{A}^2 + \cdots + \frac{x^{k-1}}{(k-1)!}\boldsymbol{A}^{k-1} + \cdots) \\ &= \boldsymbol{A}\mathrm{e}^{x\boldsymbol{A}} = \boldsymbol{A}\boldsymbol{\Phi}(x),\end{aligned}$$

这说明 $\boldsymbol{\Phi}(x)$ 是齐次线性微分方程组(3.2.2)的一个解矩阵.

另外, 由于 $\boldsymbol{\Phi}(0) = \boldsymbol{E}$, 所以 $\det \boldsymbol{\Phi}(0) = 1$. 这就证明了 $\boldsymbol{\Phi}(x)$ 是方程组(3.2.2)的一个基解矩阵, 且是标准的.

由此得到如下推论.

推论 3.2.1 常系数非齐次线性微分方程组(3.2.1)在区间 (a,b) 上的通解为

$$\boldsymbol{Y} = \mathrm{e}^{x\boldsymbol{A}}\boldsymbol{C} + \int_{x_0}^{x} \mathrm{e}^{(x-s)\boldsymbol{A}} \boldsymbol{f}(s)\mathrm{d}s,$$

其中 $\boldsymbol{C}$ 为一任意的常数列向量; 而它满足初值条件 $\boldsymbol{Y}(x_0) = \boldsymbol{Y}_0$ 的解为

$$\boldsymbol{Y} = \mathrm{e}^{(x-x_0)\boldsymbol{A}}\boldsymbol{Y}_0 + \int_{x_0}^{x} \mathrm{e}^{(x-s)\boldsymbol{A}} \boldsymbol{f}(s)\mathrm{d}s,$$

其中 $x_0 \in (a,b)$.

要进一步解决的问题是, 这种用矩阵无穷级数定义的指数函数 $\mathrm{e}^{x\boldsymbol{A}}$, 是否可以用初等函数的有限形式表达出来? 如果可能的话, 应该怎样计算它呢?

例 3.2.3 假设

$$\boldsymbol{A} = \begin{pmatrix} a_1 & & & \\ & a_2 & & \\ & & \ddots & \\ & & & a_n \end{pmatrix}$$

为一个对角矩阵, 则不难推出

$$e^{xA} = E + x\begin{pmatrix} a_1 & & & \\ & a_2 & & \\ & & \ddots & \\ & & & a_n \end{pmatrix} + \frac{x^2}{2!}\begin{pmatrix} a_1^2 & & & \\ & a_2^2 & & \\ & & \ddots & \\ & & & a_n^2 \end{pmatrix} + \cdots$$

$$= \begin{pmatrix} e^{a_1 x} & & & \\ & e^{a_2 x} & & \\ & & \ddots & \\ & & & e^{a_n x} \end{pmatrix}.$$

例 3.2.4 设

$$A = \begin{pmatrix} 1 & 1 \\ 0 & 1 \end{pmatrix},$$

试求 e^{xA}.

解：容易看出, 矩阵 A 可以分解为两个矩阵之和: $A = E + Z$, 其中 $E = \begin{pmatrix} 1 & 0 \\ 0 & 1 \end{pmatrix}$ 为单位矩阵, 而 $Z = \begin{pmatrix} 0 & 1 \\ 0 & 0 \end{pmatrix}$ 为幂零矩阵 (它的某一方幂为零矩阵).

由于单位矩阵与任一矩阵是可交换的, 则

$$e^{xA} = e^{x(E+Z)} = e^{xE} e^{xZ}.$$

另外, 利用例3.2.3的结果, 对于单位矩阵 E, 我们有

$$e^{xA} = \begin{pmatrix} e^x & 0 \\ 0 & e^x \end{pmatrix} = e^x E.$$

再利用幂零矩阵的指数函数展开式实际上是一个有限和, 得到

$$e^{xA} = e^x \begin{pmatrix} 1 & x \\ 0 & 1 \end{pmatrix} = \begin{pmatrix} e^x & xe^x \\ 0 & e^x \end{pmatrix}.$$

习题

1. 求常系数齐次线性微分方程组(3.2.2) 的通解, 其中矩阵 A 分别为:

(1) $\begin{pmatrix} 3 & 4 \\ 5 & 2 \end{pmatrix}$;   (2) $\begin{pmatrix} 0 & a \\ -a & 0 \end{pmatrix}$;

$$(3)\begin{pmatrix} 1 & \frac{2}{3} & -\frac{2}{3} \\ 0 & \frac{2}{3} & \frac{1}{3} \\ 0 & -\frac{1}{3} & \frac{4}{3} \end{pmatrix}; \qquad (4)\begin{pmatrix} 1 & 1 & 1 & 1 \\ 1 & 1 & -1 & -1 \\ 1 & -1 & 1 & -1 \\ 1 & -1 & -1 & 1 \end{pmatrix}.$$

2. 求出常系数非齐次线性微分方程组(3.2.1)的通解, 其中:

$(1) \boldsymbol{A} = \begin{pmatrix} 2 & 1 \\ 0 & 2 \end{pmatrix}, \boldsymbol{f}(x) = \begin{pmatrix} 1 \\ 0 \end{pmatrix};$

$(2) \boldsymbol{A} = \begin{pmatrix} 0 & -n^2 \\ -n^2 & 0 \end{pmatrix}, \boldsymbol{f}(x) = \begin{pmatrix} \cos nx \\ \sin nx \end{pmatrix};$

$(3) \boldsymbol{A} = \begin{pmatrix} 2 & 1 & -2 \\ -1 & 0 & 0 \\ 1 & 1 & -1 \end{pmatrix}, \boldsymbol{f}(x) = \begin{pmatrix} 2-x \\ 0 \\ 1-x \end{pmatrix}.$

3. 求出微分方程组(3.2.1)满足初值条件 $\boldsymbol{Y}(0) = \boldsymbol{\eta}$ 的解, 其中:

$(1) \boldsymbol{A} = \begin{pmatrix} -5 & -1 \\ 1 & -3 \end{pmatrix}, \boldsymbol{f}(x) = \begin{pmatrix} \sin x \\ -2\cos x \end{pmatrix}, \boldsymbol{\eta} = \begin{pmatrix} 0 \\ 1 \end{pmatrix};$

$(2) \boldsymbol{A} = \begin{pmatrix} 16 & 14 & 38 \\ -9 & -7 & -18 \\ -4 & -4 & -11 \end{pmatrix}, \boldsymbol{f}(x) = \begin{pmatrix} -2\mathrm{e}^{-x} \\ -3\mathrm{e}^{-x} \\ 2\mathrm{e}^{-x} \end{pmatrix}, \boldsymbol{\eta} = \begin{pmatrix} 0 \\ 0 \\ 0 \end{pmatrix}.$

4. 证明: 常系数齐次线性微分方程组(3.2.2)的任何解当 $x \to \infty$ 时都趋于零, 当且仅当它的系数矩阵 A 的所有特征根都具有负的实部.

3.3 模型

传染病历来是危害人类健康的大敌, 长期以来人类与传染病进行着不屈不挠的斗争. 近 20 年来, 国际上传染病的研究进展迅速, 大量的数学模型被用于分析各种各样的传染病问题. 这些数学模型大多适用于各种传染病一般规律的研究, 也有部分针对诸如麻疹、疟疾、肺结核、性病、艾滋病等诸多具体疾病的研究. 从传染病的传播机理来看, 这些模型涉及接触传播、垂直传播、虫媒传播等不同感染方式. 在构建模型时可以考虑疾病的潜伏期、对病人的隔离、因病或因接种而获得的免疫力及免疫力逐渐消失的过程、因病死亡率、不同种群间的交叉感染、种群自身不同的增长规律、种群的年龄结构, 以及传染病在空间迁移或扩散等因素. 从模型的数学结构来看, 绝大多数传染病模型是微分方程组, 具有时滞因素的是时滞微分积分方程组或微分方程组. 传染病防治优化模型是满足一些方程组的泛函极值问题.

在传染病动力学中, 长期以来主要使用的数学模型是仓室 (compartment) 模型, 它的基本思想由 Kermack 与 McKendrick 创立于 1927 年, 但一直到现在仍然被广泛使用和不断发展着. 下面我们以他们提出的经典基本模型为例来阐述建立仓室模型的基本思想和有关基本概念. Kermack – McKendrick 的 SIR 模型针对某类传染病将该地区的人群分为以下三类:

易感者 (susceptibles) 类: 其数量记为 $S(t)$, 表示 t 时刻未染病但有可能被该类疾病传染的人数.

染病者 (infectives) 类: 其数量记为 $I(t)$, 表示 t 时刻已被感染成病人而且具有传染力的人数.

移出者 (removed) 类: 其数量记为 $R(t)$, 表示 t 时刻已从染病者类移出的人数.

设总人口为 $N(t)$, 则有 $N(t) = S(t) + I(t) + R(t)$.

Kermack – McKendrick 的 SIR 模型是一个十分简单粗糙的模型, 它的建立基于以下三个基本假设:

(1) 不考虑人口的出生、死亡、流动等种群动力因素. 这意味着考虑一个封闭环境而且假定疾病随时间的变化要比出生、死亡随时间的变化显著得多, 从而后者可以忽略不计. 这样, 此环境的总人口始终保持不变, 即 $N(t)=K$ 或 $K= S(t)+ I(t)+ R(t)$.

(2) 一个病人一旦与易感者接触就必然具有一定的传染力. 这里假设 t 时刻单位时间内一个病人能传染的易感者数目与此环境内易感者总数 $S(t)$ 成正比, 比例系数为 β, 从而在 t 时刻单位时间内被所有病人传染的人数 (新病人数) 为 $\beta S(t)I(t)$.

(3) 在 t 时刻, 单位时间内从染病者类移出的人数与病人数量成正比, 比例系数为 γ, 从而单位时间内移出者的数量为 $\gamma I(t)$. 显然, γ 是单位时间内移出者在病人中所占的比例, 称为移出率, 当移出者中仅包含康复者时, 移出率又称为恢复率.

对每一个仓室的人口变化率建立平衡方程式, 便得到以下模型:

$$\begin{cases} \dfrac{\mathrm{d}S}{\mathrm{d}t} = -\beta SI, \\ \dfrac{\mathrm{d}I}{\mathrm{d}t} = \beta SI - \gamma I, \\ \dfrac{\mathrm{d}R}{\mathrm{d}t} = \gamma I. \end{cases}$$

现在给出一个较为简单的 SIS 模型. 人群只分为两类, S 类和 I 类. 人员的流动形式为 $S \to I \to S$, 我们假定 $S + I = 1$, 即将 S、I 看作占总人口的比例.

$$\begin{cases} \dfrac{\mathrm{d}S}{\mathrm{d}t} = -\beta SI + \gamma I, \\ \dfrac{\mathrm{d}I}{\mathrm{d}t} = \beta SI - \gamma I, \\ S + I = 1, S(0) = S_0 > 0, I(0) = I_0 > 0. \end{cases}$$

对于这个方程组，虽然不是我们前面讲的可解类型的方程组，但是我们可以利用 $I+S=N$ 化简为

$$\begin{cases} \dfrac{dI}{dt} = (\beta-\gamma)I - \beta I^2, \\ I(0) = I_0 > 0. \end{cases}$$

上式是伯努利微分方程的初值问题，大家可以自行求解．我们也可以不求解而直接讨论解的性质，这就是后面要学习的定性理论研究．

第四章　高阶线性微分方程

对比一阶线性微分方程，高阶线性微分方程具有更为复杂的数学结构与独特性质，本章将对这类方程应用严格的线性叠加原理，简化求解过程，同时展现多样化的解，包括特解、通解及特殊情形的解. 本章深入探讨其理论框架，包括形式、分类 (齐次/非齐次) 与基本属性，分析常系数情形的解法特性，并引入拉普拉斯变换法，通过实例展示其在解决实际问题时的有效性，为后续学习高阶微分方程做铺垫.

本章要关注的问题

- 如何理解一阶线性微分方程和 n 阶线性微分方程的关系？有哪些一阶线性微分方程的理论可以应用到 n 阶线性微分方程中？

- 如何正确理解 n 阶线性微分方程的定义？如何区分 n 阶齐次线性微分方程 ($f(x) = 0$) 和 n 阶非齐次线性微分方程 ($f(x) \neq 0$)？

- n 阶线性微分方程的解的一般理论有哪些？如何理解 n 阶线性微分方程解的存在性定理和唯一性定理？

- 如何总结一般的 n 阶线性微分方程求解方法？如何根据实际问题构建 n 阶线性微分方程模型？

4.1　高阶线性微分方程的一般理论

本节主要讨论仅含一个未知函数 $y = y(x)$ 的 n 阶线性微分方程

$$y^{(n)} + a_1(x)y^{(n-1)} + \cdots + a_{n-1}(x)y' + a_n(x)y = f(x), \tag{4.1.1}$$

其中 $a_1(x), \cdots, a_n(x)$ 和 $f(x)$ 都是区间 $a < x < b$ 上的连续函数.

当 $f(x) \neq 0$ 时，称方程(4.1.1)为非齐次线性微分方程，与之对应的是当 $f(x) \equiv 0$ 时，

$$y^{(n)} + a_1(x)y^{(n-1)} + \cdots + a_{n-1}(x)y' + a_n(x)y = 0, \tag{4.1.2}$$

称为方程(4.1.1)相应的齐次线性微分方程. 如果引进新的未知函数

$$y_1 = y, y_2 = y', \cdots, y_n = y^{(n-1)},$$

方程(4.1.1)等价于下面的线性微分方程组

$$\frac{\mathrm{d}\boldsymbol{Y}}{\mathrm{d}x} = \boldsymbol{A}(x)\boldsymbol{Y} + \boldsymbol{F}(x), \tag{4.1.3}$$

其中

$$\boldsymbol{Y} = \begin{pmatrix} y_1 \\ y_2 \\ \vdots \\ y_n \end{pmatrix}, \quad \boldsymbol{F}(x) = \begin{pmatrix} 0 \\ 0 \\ \vdots \\ f(x) \end{pmatrix},$$

$$\boldsymbol{A}(x) = \begin{pmatrix} 0 & 1 & 0 & \cdots & 0 \\ 0 & 0 & 1 & \cdots & 0 \\ \cdots & \cdots & \cdots & \cdots & \cdots \\ 0 & 0 & 0 & \cdots & 1 \\ -a_n(x) & -a_{n-1}(x) & -a_{n-2}(x) & \cdots & -a_1(x) \end{pmatrix},$$

而齐次线性微分方程也相应地转换成

$$\frac{\mathrm{d}\boldsymbol{Y}}{\mathrm{d}x} = \boldsymbol{A}(x)\boldsymbol{Y}, \tag{4.1.4}$$

这样上一章的结果都可以应用到微分方程组(4.1.3)和(4.1.4)上来. 而且微分方程(4.1.1)满足初值条件

$$y(x_0) = y_0, \cdots, y^{(n-1)}(x_0) = y_0^{(n-1)}$$

的解在 $a < x < b$ 上存在且唯一.

假设函数组

$$\varphi_1(x), \varphi_2(x), \cdots, \varphi_n(x)$$

分别是齐次线性微分方程(4.1.2)的 n 个解, 则它们的朗斯基行列式为

$$W(x) = \begin{vmatrix} \varphi_1(x) & \varphi_2(x) & \cdots & \varphi_n(x) \\ \varphi_1'(x) & \varphi_2'(x) & \cdots & \varphi_n'(x) \\ \cdots & \cdots & \cdots & \cdots \\ \varphi_1^{(n-1)}(x) & \varphi_2^{n-1}(x) & \cdots & \varphi_n^{(n-1)}(x) \end{vmatrix}.$$

引理 4.1.1 $n-1$ 阶可微的函数组

$$\varphi_1(x), \varphi_2(x), \cdots, \varphi_n(x)$$

在区间 $a < x < b$ 上线性相关的充要条件是向量函数组

$$\begin{pmatrix} \varphi_1(x) \\ \varphi_1'(x) \\ \vdots \\ \varphi_1^{(n-1)}(x) \end{pmatrix}, \begin{pmatrix} \varphi_2(x) \\ \varphi_2'(x) \\ \vdots \\ \varphi_2^{(n-1)}(x) \end{pmatrix}, \cdots, \begin{pmatrix} \varphi_n(x) \\ \varphi_n'(x) \\ \vdots \\ \varphi_n^{(n-1)}(x) \end{pmatrix}$$

在区间 $a < x < b$ 上线性相关.

证明留给读者.

定理 4.1.1 齐次线性微分方程(4.1.2)的 n 个解

$$\varphi_1(x), \varphi_2(x), \cdots, \varphi_n(x)$$

在其定义区间 $a < x < b$ 上线性无关（相关）的充要条件是存在点 x_0，使得它们的朗斯基行列式 $W(x_0) \neq 0 (W(x_0) = 0)$.

定理 4.1.2 如果

$$\varphi_1(x), \varphi_2(x), \cdots, \varphi_n(x)$$

是齐次线性微分方程(4.1.2)的 n 个线性无关解，则

$$y = C_1\varphi_1(x) + C_2\varphi_2(x) + \cdots + C_n\varphi_n(x)$$

是齐次线性微分方程(4.1.2)的通解，其中 $C_1, C_2, \cdots, C_n$ 为 n 个任意常数.

定理 4.1.3 齐次线性微分方程(4.1.2)的解组

$$\varphi_1(x), \varphi_2(x), \cdots, \varphi_n(x)$$

线性无关的充要条件是它们的朗斯基行列式 $W(x)$ 在区间 $a < x < b$ 上恒不为零.

将齐次线性微分方程的 n 个线性无关解称为一个基本解组，而由朗斯基行列式可以判断一个解组是否为基本解组.

最后，讨论齐次线性微分方程(4.1.2)的解与它的系数之间的关系. 利用线性微分方程组(4.1.4)中矩阵 $A(x)$ 的特点，$\operatorname{tr} A(x) = -a_1(x)$，刘维尔公式就可以取比较简单的形式,

$$W(x) = W(x_0)\mathrm{e}^{-\int_{x_0}^{x} a_1(s)\mathrm{d}s}, \tag{4.1.5}$$

其中 $W(x)$ 是齐次线性微分方程(4.1.2)的解组 $\varphi_1(x), \varphi_2(x), \cdots, \varphi_n(x)$ 的朗斯基行列式，$x_0 \in (a, b)$. 特别对于二阶齐次线性微分方程，可以利用刘维尔公式，由它的一个非零解导出它的通解.

例 4.1.1 设 $y = \varphi(x)$ 是二阶齐次线性微分方程

$$y'' + p(x)y' + q(x)y = 0 \tag{4.1.6}$$

的一个非零解，其中 $p(x)$ 和 $q(x)$ 是区间 $a < x < b$ 上的连续函数，则方程的通解为

$$y = \varphi(x)[C_1 + C_2 \int \frac{1}{\varphi^2(x)} \mathrm{e}^{-\int p(x)\mathrm{d}x} \mathrm{d}x],$$

其中 C_1 和 C_2 为任意常数.

证：假设 $y = \varphi(x)$ 在区间 $a < x < b$ 上恒不为零. 设 $y = y(x)$ 是方程(4.1.6)的任意解，则由刘维尔公式(4.1.5)，有

$$\begin{vmatrix} \varphi & y \\ \varphi' & y' \end{vmatrix} = Ce^{-\int p(x)dx},$$

即 $\varphi y' - \varphi' y = Ce^{-\int p(x)dx}$，以积分因子 $\dfrac{1}{\varphi^2}$ 乘上式两端，整理可得

$$\frac{d}{dx}\left(\frac{y}{\varphi}\right) = \frac{C}{\varphi^2} e^{-\int p(x)dx}.$$

积分上式即可. 由于 n 阶非齐次线性微分方程(4.1.1)等价于一阶非齐次线性微分方程组程(4.1.3)，所以由微分方程组的通解定理可以推出.

定理 4.1.4 n 阶非齐次线性微分方程的通解等于它对应的齐次线性微分方程的通解与它本身的一个特解之和.

由此可见，求方程(4.1.1)的通解问题就归结为求它的一个特解和对应的齐次线性微分方程的通解问题；和一阶非齐次线性微分方程一样，对于非齐次线性微分方程(4.1.1)也能够由对应的齐次线性微分方程的一个基本解组求出它本身的一个特解，即常数变易法.

例 4.1.2 求非齐次线性微分方程 $y'' + y = \dfrac{1}{\cos x}$ 的通解.

解：易于验证函数 $y_1 = \cos x$, $y_2 = \sin x$ 是方程 $y'' + y = 0$ 的解，且它们的朗斯基行列式恒不为零，因此这两个函数是线性无关的，即是一个基本解组. 故相应的齐次线性微分方程的通解为

$$y = C_1 \cos x + C_2 \sin x,$$

现求已知方程形如

$$y_1 = C_1(x)\cos x + C_2(x)\sin x$$

的一个特解. 将 y_1 代入非齐次线性微分方程，则 $C_1'(x)$, $C_2'(x)$ 满足

$$C_1'(x)\cos x + C_2'(x)\sin x = 0,$$

$$-C_1'\sin x + C_2'\cos x = \frac{1}{\cos x},$$

解上述方程得

$$C_1'(x) = -\frac{\sin x}{\cos x}, \quad C_2'(x) = 1,$$

积分得

$$C_1(x) = \ln|\cos x|, \quad C_2(x) = x,$$

故已知方程的通解为

$$y = C_1\cos x + C_2 \sin x + \cos x \ln|\cos x| + x\sin x \quad (C_1, C_2 \text{ 为任意常数}).$$

习题

1. 考虑微分方程 $y'' + p(x)y' + q(x)y = 0$, 其中 $p(x)$, $q(x)$ 是区间 $a < x < b$ 上的连续函数, 当系数满足什么条件时, 其基本解组的朗斯基行列式等于常数?

2. 微分方程 $y'' + q(x)y = 0$.

(1) 设 $y = \varphi(x)$, $y = \psi(x)$ 是它的任意两个解, 试证 $\varphi(x)$ 与 $\psi(x)$ 的朗斯基行列式等于一个常数;

(2) 设已知方程有一个特解 $y = e^x$, 试求这个方程的通解, 并确定 $q(x)$.

3. 已知方程 $(1 - \ln x)y'' + \dfrac{1}{x}y' - \dfrac{1}{x^2}y = 0$ 的一个解是 $y_1 = \ln x$, 试求其通解.

4. 求方程 $x^3 y''' - 3x^2 y'' + 6xy' - 6y = 0$ 的通解, 已知它的两个特解 $y_1 = x, y_2 = x^2$.

5. 设 $y_1(x)$ 是 n 阶齐次线性微分方程

$$y^{(n)} + a_1(x)y^{(n-1)} + \cdots + a_{n-1}(x)y' + a_n(x)y = 0$$

的一个非零解. 试证明: 利用线性变换 $y = y_1(x)z$ 可将已知方程化为 $n-1$ 阶的齐次线性微分方程.

4.2 高阶齐次线性微分方程的解法

本节讨论 n 阶常系数齐次线性微分方程

$$y^{(n)} + a_1 y^{(n-1)} + \cdots + a_{n-1} y' + a_n y = 0 \tag{4.2.1}$$

的求解问题, 这里

$$a_1, \cdots, a_{n-1}, a_n$$

为实常数. 我们知道方程(4.2.1)的求解问题关键是求出其基本解组. 一个自然的方法就是把它转化为与之等价的一阶常系数齐次线性微分方程组, 但是这样的推导过程并不简洁, 因此这里我们用待定指数函数法求解. 首先看一个简单的方程:

$$y' + ay = 0, \tag{4.2.2}$$

其中 a 是常数, 不难求出它有特解 $y = e^{-ax}$, 比较方程(4.2.1)和(4.2.2), 我们可以猜想方程(4.2.1)也有形如

$$y = e^{\lambda x}$$

的解, 其中 λ 是待定常数. 将它代入方程(4.2.1)中得到

$$(\lambda^n + a_1 \lambda^{n-1} + \cdots + a_{n-1} \lambda + a_n)e^{\lambda x} = 0,$$

因为 $e^{\lambda x} \neq 0$, 所以有

$$\lambda^n + a_1 \lambda^{n-1} + \cdots + a_{n-1} \lambda + a_n = 0, \tag{4.2.3}$$

称方程(4.2.3)为方程(4.2.1)的**特征方程**, 它的根称为**特征根**. 这样, $y = e^{\lambda x}$ 是方程(4.2.1)的解, 当且仅当 λ 是特征方程(4.2.3)的根.

4.2.1 特征根是单根的情形

定理 4.2.1 若特征方程(4.2.3)有 n 个互异根

$$\lambda_1, \lambda_2, \cdots, \lambda_n,$$

则

$$y_1 = e^{\lambda_1 x}, y_2 = e^{\lambda_2 x}, \cdots, y_n = e^{\lambda_n x}$$

是方程(4.2.1)的一个基本解组.

证：显然

$$y_i = e^{\lambda_i x} (i = 1, 2, \cdots, n)$$

分别是方程(4.2.1)的解, 它们的朗斯基行列式

$$W(x) = \begin{vmatrix} e^{\lambda_1 x} & e^{\lambda_2 x} & \cdots & e^{\lambda_n x} \\ \lambda_1 e^{\lambda_1 x} & \lambda_2 e^{\lambda_2 x} & \cdots & \lambda_n e^{\lambda_n x} \\ \cdots & \cdots & \cdots & \cdots \\ \lambda_1^{n-1} e^{\lambda_1 x} & \lambda_2^{n-1} e^{\lambda_2 x} & \cdots & \lambda_n^{n-1} e^{\lambda_n x} \end{vmatrix}$$

$$= e^{(\lambda_1 + \lambda_2 + \cdots + \lambda_n)x} \begin{vmatrix} 1 & 1 & \cdots & 1 \\ \lambda_1 & \lambda_2 & \cdots & \lambda_n \\ \cdots & \cdots & \cdots & \cdots \\ \lambda_1^{n-1} & \lambda_2^{n-1} & \cdots & \lambda_n^{n-1} \end{vmatrix}$$

$$= e^{(\lambda_1 + \lambda_2 + \cdots + \lambda_n)x} \prod (\lambda_i - \lambda_j) \neq 0, \quad x \in (-\infty, +\infty).$$

从而

$$y_1 = e^{\lambda_1 x}, y_2 = e^{\lambda_2 x}, \cdots, y_n = e^{\lambda_n x}$$

是方程(4.2.1) 的基本解组.

例 4.2.1 求方程 $y'' - 5y' + 6y = 0$ 的通解.

解：特征方程为 $\lambda^2 - 5\lambda + 6 = 0$, 特征根为 $\lambda_1 = 2$, $\lambda_2 = 3$, 故已知方程的通解为

$$y = C_1 e^{2x} + C_2 e^{3x} \quad (C_1, C_2 \text{ 为任意常数}).$$

当特征方程有复根时, 它的复根一定共轭成对出现, 比如 $\lambda_k = a + ib$ 是特征方程(4.2.3)的根, 则 $\lambda_{k+1} = a - ib$ 也是特征方程(4.2.3)的特征根. 这两个特征根所对应的解是实变量复值函数 $y_k = e^{(a+ib)x} = e^{ax} \cos bx + ie^{ax} \sin bx$, $y_{k+1} = e^{(a-ib)x} = e^{ax} \cos bx - ie^{ax} \sin bx$, 我们可以按照常系数线性微分方程组同样的处理方法, 把这两个复值解实值化, 即取实部 $e^{ax} \cos bx$ 和虚部 $e^{ax} \sin bx$ 作为这两个根所对应的解.

4.2.2 特征根有重根的情形

定理 4.2.2 设常系数齐次线性微分方程(4.2.1)的特征方程(4.2.3)在复数域中共有 s 个互不相同的根 $\lambda_1, \cdots, \lambda_s$,而且相应的重数分别为 $n_1, \cdots, n_s$ ($n_1 + \cdots + n_s = n$),则函数组

$$e^{\lambda_1 x}, xe^{\lambda_1 x}, \cdots, x^{n_1-1}e^{\lambda_1 x}; \cdots; e^{\lambda_s x}, xe^{\lambda_s x}, \cdots, x^{n_s-1}e^{\lambda_s x}$$

是微分方程(4.2.1)的一个基本解组.

例 4.2.2 求方程 $y'' + 4y' + 4y = 0$ 的通解.

解:特征方程为 $\lambda^2 + 4\lambda + 4 = 0$,$\lambda = -2$ 是二重特征根,故已知方程的通解是

$$y = e^{-2x}(C_1 + C_2 x) \quad (C_1, C_2 \text{ 为任意常数}).$$

例 4.2.3 求方程 $y^{(5)} - 3y^{(4)} + 4y''' - 4y'' + 3y' - y = 0$ 的通解.

解:特征方程为

$$\lambda^5 - 3\lambda^4 + 4\lambda^3 - 4\lambda^2 + 3\lambda - 1 = (\lambda - 1)^3(\lambda^2 + 1) = 0,$$

$\lambda = 1$ 是三重特征根,而 $\lambda = \pm i$ 是一对共轭复根,所以基本解组是

$$e^x, xe^x, x^2 e^x, \cos x, \sin x,$$

所以,已知方程的通解是

$$y = (C_1 + C_2 x + C_3 x^2)e^x + C_4 \cos x + C_5 \sin x \quad (C_1, C_2, C_3, C_4, C_5 \text{ 为任意常数}).$$

习题

1. 用常数变易法求方程 $y'' - y = \dfrac{2e^x}{e^x - 1}$ 的通解.

2. 求下列齐次方程的通解:

(1) $2y'' - 4y' - 6y = 0$;

(2) $y''' + 3y' - 4y = 0$;

(3) $y''' - y'' - y' + y = 0$;

(4) $y^4 - 4y''' + 8y'' - 8y' + 3y = 0$;

(5) $y^4 - y'' = 0$;

(6) $y^5 + 2y''' + y' = 0$.

3. 求下列方程满足给定初值条件的解:

(1) $y'' + y' = 0$, $y(0) = 2$, $y'(0) = 5$;

(2) $y'' + 4y' + 4y = 0$, $y(2) = 4$, $y'(2) = 0$.

4.3 高阶非齐次线性微分方程的解法

本节研究 n 阶常系数非齐次线性微分方程

$$y^{(n)} + a_1 y^{(n-1)} + \cdots + a_{n-1} y' + a_n y = f(x) \tag{4.3.1}$$

的解法.

我们已经知道方程(4.3.1)的通解等于它对应的齐次微分方程的通解和它本身的一个特解之和. 我们上一节已经掌握了齐次微分方程通解的求法, 现在的问题是如何求它的一个特解. 主要方法有两种, 一种是常数变易法, 这是求非齐次微分方程特解的一般方法. 下面介绍第二种方法, 即待定系数法, 这种方法计算比较方便, 但是只适用于某些非齐次项的情形.

4.3.1 非齐次项 $f(x) = P_m(x)\mathrm{e}^{\alpha x}$

这里 $P_m(x)$ 表示 x 的 m 次多项式, 则方程(4.3.1)具有如下形式的特解:

$$\varphi^*(x) = Q_m(x)\mathrm{e}^{\alpha x},$$

其中 m 次多项式 $Q_m(x)$ 的系数待定. 当 α 不是其对应的齐次线性微分方程的特征方程的特征根时, 把上述形式的特解 $\varphi^*(x)$ 代入相应的方程(4.3.1), 就可以确定 $Q_m(x)$ 的系数, 从而得到所求的特解 $\varphi^*(x)$; 当 α 是 k 重特征根时, 则令特解

$$\varphi^*(x) = x^k Q_m(x)\mathrm{e}^{\alpha x}.$$

例 4.3.1 求方程 $y'' - 4y' + 4y = 2\mathrm{e}^{2x}$ 的通解.

解: 对应的齐次微分方程的特征方程为

$$\lambda^2 - 4\lambda + 4 = 0,$$

特征根 $\lambda_{1,2} = 2$, 所以齐次微分方程的通解为

$$y = \mathrm{e}^{2x}(C_1 + C_2 x).$$

由于 $\alpha = 2$ 是二重特征根, 故已知方程有形如 $y_1 = A x^2 \mathrm{e}^{2x}$ 的特解. 将它代入已知方程, 比较 x 同次幂的系数, 得 $A = 1$, 故已知方程的通解为

$$y = x^2 \mathrm{e}^{2x} + \mathrm{e}^{2x}(C_1 + C_2 x) \quad (C_1, C_2 \text{ 为任意常数}).$$

例 4.3.2 求方程
$$y'' - y = \frac{1}{2}e^x$$
的通解.

解：对应的齐次微分方程的特征方程为
$$\lambda^2 - 1 = 0,$$
特征根为
$$\lambda = \pm 1,$$
对应的齐次微分方程的通解为
$$y = C_1 e^x + C_2 e^{-x},$$
由于 $\lambda = 1$ 是特征方程的根，故已知方程有形如 $y_1 = Axe^x$ 的特解. 将它代入已知方程得
$$2Ae^x + Axe^x - Axe^x = \frac{1}{2}e^x,$$
从而
$$A = \frac{1}{4},$$
故
$$y_1 = \frac{1}{4}xe^x,$$
由此得已知方程的通解为
$$y = C_1 e^x + C_2 e^{-x} + \frac{1}{4}xe^x \quad (C_1, C_2 \text{ 为任意常数}).$$

4.3.2 非齐次项 $f(x) = [A_m(x)\cos\beta x + B_l(x)\sin\beta x]e^{\alpha x}$

若 $A_m(x)$ 和 $B_l(x)$ 分别是 x 的 m 次和 l 次多项式，则相应特解的形式是
$$\varphi^*(x) = x^k[C_n(x)\cos\beta x + D_n(x)\sin\beta x]e^{\alpha x},$$
其中非负整数 k 是特征根 $\alpha \pm i\beta$ 的重数 (当 $\alpha \pm i\beta$ 不是特征根时，取 $k = 0$)，而 n 次多项式 $C_n(x)$ 和 $D_n(x)$ 的系数待定.

例 4.3.3 求方程 $y'' + 4y' + 4y = \cos 2x$ 的通解.

解：对应的齐次微分方程的特征方程为
$$\lambda^2 + 4\lambda + 4 = (\lambda + 2)^2 = 0,$$
它有二重根 $\lambda = -2$，因此，设已知方程有特解
$$y^* = a\cos 2x + b\sin 2x,$$

其中常数 a 和 b 待定. 把它代入已知方程, 得出

$$8b\cos 2x - 8a\sin 2x = \cos 2x,$$

由此推出 $a = 0, b = \dfrac{1}{8}$. 所以, 已知方程的通解为

$$y = (C_1 + C_2 x)\mathrm{e}^{-2x} + \frac{1}{8}\sin 2x \quad (C_1, C_2 \text{ 为任意常数}).$$

习题

求下列非齐次微分方程的通解:

(1) $y'' + 4y = 8;$

(2) $y'' - 6y' + 9y = 4\mathrm{e}^{3x};$

(3) $y'' - 5y' + 6y = (12x - 7)\mathrm{e}^{-x};$

(4) $y'' + y' - 2y = 2x, y(0) = 0, y'(0) = 1;$

(5) $y'' - 2y' + 10y = x\cos 2x;$

(6) $y'' - 2y' + 2y = 4\mathrm{e}^x \cos x.$

4.4 拉普拉斯变换

从理论上说, 常系数非齐次线性微分方程或高阶非齐次线性微分方程的通解总能求得, 但是都必须先求对应的齐次线性微分方程的通解, 然后再找非齐次线性微分方程的特解. 这在寻求满足初值条件的解时比较麻烦. 本节介绍一种简便方法, 即拉普拉斯变换法. 它无须先求出已知方程的通解, 而直接求出它的特解.

这一方法的思想是: 先通过拉普拉斯变换将已知方程化成代数方程, 求出代数方程的解, 再通过查拉普拉斯变换表求得拉普拉斯逆变换, 便可得到所求初值问题的解.

定义 4.4.1 设函数 $f(t)$ 在区间 $[0, +\infty)$ 上有定义, 如果含参变量 s 的无穷积分

$$\int_0^{+\infty} \mathrm{e}^{-st} f(t) \mathrm{d}t,$$

对 s 的某一取值范围是收敛的, 则称

$$F(s) = \int_0^{+\infty} \mathrm{e}^{-st} f(t) \mathrm{d}t \qquad (4.4.1)$$

为函数的拉普拉斯变换, $f(t)$ 称为原函数, $F(s)$ 称为像函数, 并记为

$$\mathscr{L}[f(t)] = F(s).$$

在拉普拉斯变换的一般理论中，积分(4.4.1)的参变量 s 是复数. 为简单起见假设 s 是实数.

定理 4.4.1 如果函数 $f(t)$ 在区间 $[0,+\infty)$ 上逐段连续, 且存在数 $M > 0$, $s_0 \geqslant 0$, 使得对于一切 $t \geqslant 0$ 有 $|f(t)| < Me^{s_0 t}$, 则当 $s > s_0$ 时, $F(s)$ 存在.

证： 当 $s > s_0$ 时, 有
$$\left|\int_0^{+\infty} e^{-st}f(t)dt\right| \leqslant \int_0^{+\infty} e^{-st}|f(t)|dt,$$
$$\leqslant M\int_0^{+\infty} e^{-(s-s_0)t}dt = \frac{M}{s-s_0}$$

例 4.4.1 求函数 $f(t) = 1$, $f(t) = t$ 的拉普拉斯变换.

解：
$$\mathscr{L}[1] = \int_0^{+\infty} e^{-st}dt = \frac{1}{s}, s > 0,$$
$$\mathscr{L}[t] = \int_0^{+\infty} e^{-st}t dt = \frac{1}{s^2}, s > 0.$$

例 4.4.2 求函数 $f(t) = e^{at}$ 的拉普拉斯变换.

解：
$$\mathscr{L}[e^{at}] = \int_0^{+\infty} e^{-st}e^{at}dt = \frac{1}{s-a}, s > a.$$

由以上两个例子可以看出 $F(s)$ 的定义域是随 $f(t)$ 改变的. 拉普拉斯变换还满足如下几条性质.

1. 线性性质：
$$\mathscr{L}[af(t) + bg(t)] = a\mathscr{L}[f(t)] + b\mathscr{L}[g(t)],$$

其中 a, b 是常数.

2. 原函数的微分性质：如果 $f'(t), f''(t), \cdots, f^{(n)}$ 均满足定理4.4.1的条件, 则
$$\mathscr{L}[f^{(n)}(t)] = s^n\mathscr{L}[f(t)] - s^{n-1}f(0) - s^{n-2}f'(0) - \cdots - f^{(n-1)}(0).$$

3. 像函数的微分性质：如果 $\mathscr{L}[f(t)] = F(s)$, 则
$$F^n(s) = (-1)^n \int_0^{+\infty} t^n e^{-st}f(t)dt = (-1)^n \mathscr{L}[t^n f(t)].$$

例 4.4.3 求解初值问题

$$y'' + y = \sin 2t, \ y(0) = 0, \ y'(0) = 1.$$

解：在方程两边取拉普拉斯变换，并利用它们的线性性质，有

$$\mathscr{L}[y''] + \mathscr{L}[y] = \mathscr{L}[\sin 2t],$$

设 $\mathscr{L}[y] = Y(s)$，则

$$[s^2 Y(s) - sy(0) - y'(0)] + Y(s) = \frac{2}{s^2 + 4},$$

再把给定的初值条件代入，可以推出

$$Y(s) = \frac{s^2 + 6}{(s^2 + 1)(s^2 + 4)} = \frac{5}{3(s^2 + 1)} - \frac{2}{3(s^2 + 4)},$$

通过反查拉普拉斯变换表，

$$\mathscr{L}^{-1}[Y(s)] = \frac{5}{3}\mathscr{L}^{-1}\left[\frac{1}{s^2 + 1}\right] - \frac{2}{3}\mathscr{L}^{-1}\left[\frac{1}{s^2 + 4}\right] = \frac{5}{3}\sin t - \frac{1}{3}\sin 2t,$$

即所求初值问题的解为

$$y(t) = \frac{5}{3}\sin t - \frac{1}{3}\sin 2t (0 \leqslant t < \infty).$$

例 4.4.4 求解初值问题

$$y'' - 3y' + 2y = 2e^{3t}, \ y(0) = 0, \ y'(0) = 0.$$

解：设 $\mathscr{L}[y] = Y(s)$，在方程两边取拉普拉斯变换，得到

$$\mathscr{L}[y'' - 3y' + 2y] = \mathscr{L}[y''] - 3\mathscr{L}[y'] + 2\mathscr{L}[y] = Y(s)[s^2 - 3s + 2] = Y(s)(s - 1)(s - 2),$$

$$\mathscr{L}[2e^{3t}] = \frac{2}{s - 3},$$

所以

$$Y(s) = \frac{2}{(s - 1)(s - 2)(s - 3)},$$

使用部分分式法，可得

$$Y(s) = \frac{1}{s - 1} - \frac{2}{s - 2} + \frac{1}{s - 3},$$

通过反查拉普拉斯变换表，得所求的初值解为

$$y(t) = e^t - 2e^{2t} + e^{3t}.$$

习题

用拉普拉斯变换解方程的初值问题:

(1) $y'' - 3y' + 2y = e^{3t}, \ y(0) = 1, \ y'(0) = 0$;

(2) $y'' - 2y' + y = te^t, \ y(0) = 0, \ y'(0) = 0$;

(3) $y'' - y' - 6y = 0, \ y(0) = 1, y'(0) = -1$;

(4) $y'' + \omega^2 y = \cos 2t, \ y(0) = 1, \ y'(0) = 0$;

(5) $y'' - y = 4\sin t + 5\cos 2t, \ y(0) = -1, \ y'(0) = -2$.

4.5 高阶线性微分方程的应用

这一节我们介绍高阶线性微分方程的一些应用, 包括机械振动、LRC 电路等.

4.5.1 机械振动

在日常生活和工程技术中, 很多机械振动问题都归结为弹性振动的研究, 如单摆、汽车上的减震器、重型机械中的后座装置等. 下面我们介绍弹簧振动的例子.

设有一个弹簧, 它的上端固定, 下端挂一个质量为 m 的物体, 当物体处于静止状态时, 作用在物体上的重力与弹力大小相等、方向相反, 这个位置就是物体的平衡位置. 当物体处于平衡位置时, 受到向下的重力 mg 和弹簧向上的弹力 kl 的作用, 其中 k 是弹簧的弹性系数, l 是弹簧受重力 mg 作用后向下拉伸的长度, 即有

$$kl = mg.$$

为了研究物体的运动规律, 选取平衡位置为坐标原点, 取 x 轴垂直向下. 从而当物体处于平衡位置时, 有 $x = 0$, 但当物体受到外力 $F(t)$ 作用时, 从平衡位置开始运动, $x(t)$ 表示物体在 t 时的位置, 当物体开始运动时, 受到下面四个力的作用.

(1) 物体的重力 $W = mg$, 方向是向下的, 与坐标轴的方向一致.

(2) 弹簧的弹力 R, 当 $l + x > 0$ 时, 弹力与 x 轴方向相反, 取 $R = -k(l+x)$. 当 $l + x < 0$ 时, 弹力与 x 轴方向相同, 即 $R = -k(l+x)$. 因此, 弹簧的弹力 R 总有

$$R = -k(l+x).$$

(3) 空气阻力 D, 物体在运动过程中总会受到空气阻力或其他介质的阻力作用, 使振动逐渐减弱, 阻力的大小与物体的运动速度成正比, 方向与运动的方向相反, 阻力系数为 c, 在时刻 t 物体的运动速度为 $\dfrac{\mathrm{d}x}{\mathrm{d}t}$, 因此

$$D = -c\frac{\mathrm{d}x}{\mathrm{d}t}.$$

(4) 物体在运动过程中还受到随时间变化的外力 $F(t)$ 的作用, 方向可能向上, 可能向下, 依赖于 $F(t)$ 的正负.

根据受力情况的分析, 由牛顿第二定律得

$$m\frac{d^2x}{dt^2} = W + R + D + F = mg - k(l+x) - c\frac{dx}{dt} + F(t) = -kx - c\frac{dx}{dt} + F(t),$$

因此, 物体的运动满足二阶线性微分方程

$$m\frac{d^2x}{dt^2} + c\frac{dx}{dt} + kx = F(t).$$

1. 无阻尼自由振动

首先研究没有空气阻力和外力作用的弹簧振动, 称为无阻尼自由振动, 此时运动方程为

$$m\frac{d^2x}{dt^2} + kx = 0,$$

或

$$\frac{d^2x}{dt^2} + \omega_0^2 x = 0,$$

这里 $\omega_0^2 = \dfrac{k}{m}$, 方程的通解为

$$x(t) = c_1 \cos\omega_0 t + c_2 \sin\omega_0 t,$$

其中 c_1, c_2 为常数. 为了使物理意义更明确, 令

$$\sin\theta = \frac{c_1}{\sqrt{c_1^2 + c_2^2}}, \cos\theta = \frac{c_2}{\sqrt{c_1^2 + c_2^2}},$$

因此, 若取 $A = \sqrt{c_1^2 + c_2^2}, \theta = \arctan\dfrac{c_1}{c_2}$, 则 $x(t)$ 可以写成

$$x(t) = \sqrt{c_1^2 + c_2^2}\left(\frac{c_1}{\sqrt{c_1^2 + c_2^2}} \cos\omega_0 t + \frac{c_2}{\sqrt{c_1^2 + c_2^2}} \sin\omega_0 t\right)$$

$$= A(\sin\theta \cos\omega_0 t + \cos\theta \sin\omega_0 t)$$

$$= A\sin(\omega_0 t + \theta).$$

由上式可以看出, 物体的运动是周期振动的, 周期为 $T = \dfrac{2\pi}{\omega_0}$, 这种运动称为简谐振动.

2. 有阻尼的自由振动

现在考虑有空气阻力而无外力作用的弹簧振动, 此时运动方程变为

$$m\frac{d^2x}{dt^2} + c\frac{dx}{dt} + kx = 0,$$

上面方程的特征方程为 $m\lambda^2 + c\lambda + k = 0$, 特征根为

$$\lambda_1 = \frac{-c + \sqrt{c^2 - 4km}}{2m}, \quad \lambda_2 = \frac{-c - \sqrt{c^2 - 4km}}{2m}.$$

下面我们分三种情况考虑方程的解.

(i) $c^2 - 4km > 0$, 在这种情况下, λ_1 和 λ_2 是两个不同的负实数, 因此, 方程的通解为

$$x(t) = c_1 e^{\lambda_1 t} + c_2 e^{\lambda_2 t};$$

(ii) $c^2 - 4km = 0$, 在这种情况下, 方程的通解为

$$x(t) = (c_1 + c_2 t) \exp\left(-\frac{ct}{2m}\right);$$

(iii) $c^2 - 4km < 0$, 此时方程的通解为

$$x(t) = \exp\left(-\frac{ct}{2m}\right)(c_1 \cos \mu t + c_2 \sin \mu t), \quad \mu = \frac{\sqrt{4km - c^2}}{2m}.$$

情形 (i) 称为大阻尼情形, 情形 (ii) 称为临界阻尼情形, 情形 (iii) 称为小阻尼情形. 对情形 (iii), 类似于无阻尼自由振动, 可把方程的通解写为

$$x(t) = A \exp\left(-\frac{ct}{2m}\right) \sin(\mu t + \theta),$$

这里 A, θ 为任意常数.

可见, 弹簧的振动已不是周期的, 振动的最大偏离 $A \exp\left(-\frac{ct}{2m}\right)$ 随时间增加而不断减小, 最后趋于平衡位置 $x = 0$.

3. 有阻尼强迫振动

如果物体在运动过程中既有空气阻力又有周期外力 $F(t)$ 作用, 设 $F(t) = F_0 \cos \omega t$, 则弹簧振动的方程为

$$m\frac{d^2 x}{dt^2} + c\frac{dx}{dt} + kx = F_0 \cos \omega t, \tag{4.5.1}$$

我们可求得方程(4.5.1)的一个特解为

$$\begin{aligned}\psi(t) &= \frac{F_0}{(k - m\omega^2)^2 + c^2\omega^2}[(k - m\omega^2)\cos\omega t + c\omega \sin \omega t] \\ &= \frac{F_0 \sin(\omega t + \theta)}{[(k - m\omega^2)^2 + c^2\omega^2]^{\frac{1}{2}}},\end{aligned}$$

这里 $\tan \theta = \dfrac{k - m\omega^2}{c\omega}$, 因此, 方程(4.5.1)的通解为

$$x(t) = \varphi(t) + \psi(t) = \varphi(t) + \frac{F_0 \sin(\omega t + \theta)}{[(k - m\omega^2)^2 + c^2\omega^2]^{\frac{1}{2}}}, \tag{4.5.2}$$

这里 $\varphi(t)$ 是方程(4.5.1)对应的齐次方程

$$m\frac{d^2x}{dt^2} + c\frac{dx}{dt} + kx = 0$$

的通解,由通解(4.5.2)可以看出,弹簧的振动由两部分叠加而成,第一部分是有阻尼的自由振动,它是系统本身的固有振动,它随时间的延续而衰减,最后等于零,第二部分是由外力引起的强迫振动项,它的振幅不随时间的延续而衰减,当时间充分大时,方程(4.5.1)的解 $x(t)$ 最终趋向于解 $\psi(t)$.

4. 无阻尼强迫振动

现在考虑没有空气阻力而有周期性外力 $F(t) = F_0 \cos \omega t$ 作用的弹簧振动,此时,物体的运动满足方程

$$\frac{d^2x}{dt^2} + \omega_0^2 x = \frac{F_0}{m} \cos \omega t, \quad \omega_0^2 = \frac{k}{m},$$

当 $\omega \neq \omega_0$ 时,有通解

$$x(t) = c_1 \cos \omega_0 t + c_2 \sin \omega_0 t + \frac{F_0}{m(\omega_0^2 - \omega^2)} \cos \omega t,$$

它是两个不同周期函数的和.

当 $\omega = \omega_0$ 时,外力的频率 $\dfrac{\omega}{2\pi}$ 与弹簧振动的固有频率 $\dfrac{\omega_0}{2\pi}$ 是相等的,这种现象称为共振现象. 此时,弹簧振动满足的方程为

$$\frac{d^2x}{dt^2} + \omega_0^2 x = \frac{F_0}{m} \cos \omega_0 t,$$

有通解

$$x(t) = c_1 \cos \omega_0 t + c_2 \sin \omega_0 t + \frac{F_0 t}{2m\omega_0} \sin \omega_0 t, \tag{4.5.3}$$

c_1, c_2 为任意常数.

方程(4.5.3)中前面两项的和是一个周期函数,第三项代表振幅随时间增大而增大的一种振动,这就是共振现象,这一现象在许多方面有着不同的应用.

4.5.2 LRC 电路

微分方程在电路中电流、电压的计算上应用很广泛,先用电路中各元件上电压、电流等计算公式及回路电压定律、节点电流定律建立起电流或电压所满足的微分方程,提出相应的初始条件,再求解所提供的初始值问题,得到所需要的结果.

设有一个由电阻 R,电感 L,电容 C 和电源 E 串联组成的电路,其中 R、L 及 C 为常数,电源电动势是时间 t 的函数 $E = E_m \sin \omega t$,其中 E_m 及 ω 也是常数.

设电路中的电流为 $I(t)$,电容器极板上的电量为 $Q(t)$,两极板间的电压为 U_0,电感电动势为 E_l,由电学知识已知

$$I = \frac{dQ}{dt}, \quad U_0 = \frac{Q(t)}{C}, \quad E_l = L\frac{dI}{dt}.$$

由回路电压定律知
$$E(t) = L\frac{dI}{dt} + RI + \frac{Q(t)}{C},$$
即有
$$L\frac{d^2Q}{dt^2} + R\frac{dQ}{dt} + \frac{Q}{C} = E(t),$$
这就是串联电路的振荡方程.

例 4.5.1 在由一个电阻 R, 电感 L, 电容 C 和电源 E 组成的闭合回路中, 电源的电动势 $E = 100\sin 60t(V)$, 电阻 $R = 2(\Omega)$, 电感 $L = 0.1(H)$, 电容 $C = \frac{1}{260}(F)$. 如果开始时电路中的电流为零, 电容器上的电荷量为零, 求该电路接通后电容器上的电荷量随时间变化的关系.

解: 记 t 时刻该回路中的电流为 $I(t)$, 电容器上的电荷量为 $q(t)$, 由回路电压定律和初值条件得
$$\frac{1}{10}\frac{dI}{dt} + 2I + 260q = 100\sin 60t,$$
或
$$\frac{d^2q}{dt^2} + 20\frac{dq}{dt} + 2600q = 1000\sin 60t, \tag{4.5.4}$$
$$q(0) = 0, \quad q'(0) = 0.$$

方程(4.5.4)对应的齐次线性微分方程的特征方程为
$$\lambda^2 + 20\lambda + 2600 = 0,$$
解得特征方程有两个根 $\lambda_1 = -10 + 50i, \lambda_2 = -10 - 50i$. 方程(4.5.4)对应的齐次线性微分方程的通解为
$$q_c(t) = e^{-10t}(c_1\sin 50t + c_2\cos 50t),$$
现在用待定系数法来求方程(4.5.4)的一个特解.

我们设特解为
$$q_P(t) = A\sin 60t + B\cos 60t,$$
将它代入方程(4.5.4)两边, 分别比较 $\sin 60t$ 和 $\cos 60t$ 的系数得
$$A = -\frac{25}{61}, \quad B = -\frac{30}{61},$$
故方程(4.5.4)的通解为
$$q(t) = e^{-10t}(c_1\sin 50t + c_2\cos 50t) - \frac{25}{61}\sin 60t - \frac{30}{61}\cos 60t,$$

利用方程(4.5.4)的初值条件得 $c_1 = \frac{36}{61}, c_2 = \frac{30}{61}$. 于是, 该电路中电容器 C 上的电荷量随时间变化的关系为
$$q(t) = \frac{6}{61}e^{-10t}(6\sin 50t + 5\cos 50t) - \frac{25}{61}\sin 60t - \frac{30}{61}\cos 60t.$$

上述机械振动系统与电学系统之间的显著相似性,确保了它们在求解过程中的数学运算完全一致. 因此, 我们可以直接将机械振动系统的计算结果应用于电学系统, 并据此研究电路中电流的振荡特性, 包括自由振动、阻尼自由振动、强迫振动及共振现象等. 此外, 这种相似性还使得利用电学系统模拟振动系统成为可能, 而电学系统的易实现性又进一步简化了对振动系统的研究过程.

共振现象具有广泛的应用领域, 比如在无线电接收机中, 我们利用共振现象进行信号调谐; 在工业领域, 共振现象也被应用于振动泵等设备中. 然而, 值得注意的是, 共振现象也可能带来潜在的危害, 因为它能使系统在受到较小周期外力作用时产生大幅振动, 进而可能引发灾难性后果.

习题

1. 一个重 p kg 的物体挂在弹簧下, 把弹簧拉长 a cm, 再用手把弹簧拉长 A cm 后, 无初速度地松开, 求弹簧振动规律.

2. 火车沿水平轨道运动, 火车的质量是 p, 机车的牵引力为 F, 运动的阻力 $W = a + bv$, 其中 a, b 是常数, v 是火车的速度, 假设 $t = 0$ 时, $s = 0$, $v = 0$. 这里 s 表示走过的路程, 试求火车的运动规律 $s(t)$.

3. 设有一边长为 1 m 的正方体浮于静止的水中, 设水的密度为 1000 kg/m³, 由观察知此正方体上下振动的周期为 $\frac{1}{2}$ s, 它的质量是多少?

4. 有一 LRC 电路, 其中 R、C 并联, 再与 L 及直流电源 E 串联, 试求通过电感 L 的电流 $i(t)$, 假设 $t = 0$ 时, $i(0) = 0$.

第五章 定性和稳定性理论简介

在 19 世纪中叶, 通过刘维尔的工作, 人们已经知道绝大多数的微分方程不能用初等积分方法求解. 这个结果对微分方程理论的发展产生了极大影响, 使微分方程的研究发生了一个转折. 既然初等积分法有着不可克服的局限性, 那么是否可以不求微分方程的解, 而是从微分方程本身来推断其解的性质呢? 定性理论和稳定性理论正是在这种背景下发展起来的. 前者由法国数学家庞加莱在 19 世纪 80 年代创立, 后者由俄国数学家李雅普诺夫在同年代创立. 它们共同的特点就是在不求出方程的解的情况下, 直接根据微分方程本身的结构和特点来研究其解的性质. 由于这种方法的有效性, 近百年来它们已经成为微分方程发展的主流.

近三十年来, 带参数的微分方程备受关注, 特别是当参数变化时, 方程解的类型也会发生变化, 这类分支问题成为研究的热点. 另外由此发现的奇异 (怪) 吸引子及混沌现象解锁了这类微分方程的解的新性质. 分支和混沌理论的发展不但影响了微分方程的研究, 并在科学界掀起了一股在确定系统中寻求随机现象的热潮, 触发了打破几百年来牛顿确定论和科学方法论的革命.

本章主要讨论非线性微分方程组及其解的稳定性态问题, 其内容主要包括稳定性理论和定性理论两个方面. 稳定性理论研究的是线性和非线性微分方程组解的稳定性态; 定性理论研究的是带有奇点和极限环在内的微分方程组在相空间上的轨线的特点与性态.

本章要关注的问题

- 如何仅从方程的结构判断其零解的稳定性?
- 是否所有具体的方程的零解都可以判断其稳定性? 难点在哪里?
- 平面线性自治系统如何判断奇点类型? 其对应的轨线在相平面上的性态如何?
- 平面非线性系统的奇点类型如何判定?
- 平面非线性系统在相空间上如何判断极限环是否存在? 如何判断产生分支?

5.1 稳定性概念

由于非线性方程组原则上已求不出解来, 因此人们不得不放弃传统意义下求通解的想法, 而改用定性的方法探讨非线性方程组解的一般性态. 定性方法是现代微分方程研究的主导方法,它能揭示非线性科学中大量深刻而有趣的现象.

初值问题中初值发生波动是不可避免的,当初值发生较小的波动时,是否会引起相应的解的变动,乃是人们在理论与实际科学技术活动中都十分关心的问题.

考虑微分方程组

$$\frac{\mathrm{d}X}{\mathrm{d}t} = f(t, X), \tag{5.1.1}$$

其中函数 $f(t, X)$ 对 $X \in D \subseteq \mathbf{R}^n$ 和 $t \in (-\infty, +\infty)$ 连续,对 X 满足局部利普希茨条件. 设方程组(5.1.1)对初值 (t_0, X_1) 存在唯一解 $X = \varphi(t, t_0, X_1)$,其他解记作 $X = X(t, t_0, X_0)$. 现在的问题是: 当 $\|X_0 - X_1\|$ 很小时,$\|\varphi(t, t_0, X_1) - X(t, t_0, X_0)\|$ 是否也很小? 本章向量 $X = (x_1, x_2, \cdots, x_n)^\mathrm{T}$ 的范数取 $\|X\| = (\sum\limits_{i=1}^{n} x_i^2)^{\frac{1}{2}}$.

如果所考虑的解的存在区间是有限闭区间,那么这是解对初值的连续依赖性,前面已有结论. 现在要考虑的是解的存在区间是无穷区间,那么解对初值不一定有连续依赖性,这就产生了李雅普诺夫意义下的稳定性概念.

如果对于任意给定的 $\varepsilon > 0$ 和 $t_0 \geq 0$ 都存在 $\delta = \delta(\varepsilon, t_0) > 0$,只要

$$\|X_0 - X_1\| < \delta,$$

就有

$$\|\varphi(t, t_0, X_1) - X(t, t_0, X_0)\| < \varepsilon$$

对一切 $t \geq t_0$ 成立,则称方程组(5.1.1)的解 $X = \varphi(t, t_0, X_1)$ 是**稳定**的. 否则是**不稳定**的.

假设 $X = \varphi(t, t_0, X_1)$ 是稳定的,而且存在 $\delta_1 (0 < \delta_1 < \delta)$,只要

$$\|X_0 - X_1\| < \delta_1,$$

就有

$$\lim_{t \to \infty} (\|\varphi(t, t_0, X_1) - X(t, t_0, X_0)\|) = 0,$$

则称方程组(5.1.1)的解 $X = \varphi(t, t_0, X_1)$ 是**渐近稳定**的.

为了简化讨论,通常把解 $X = \varphi(t, t_0, X_1)$ 的稳定性化成零解的稳定性问题. 下面记 $\varphi(t) = \varphi(t, t_0, X_1), X(t) = X(t, t_0, X_0)$,做如下变量代换:

$$Y = X(t, t_0, X_0) - \varphi(t, t_0, X_1), \tag{5.1.2}$$

则

$$\frac{\mathrm{d}Y}{\mathrm{d}t} = \frac{\mathrm{d}X}{\mathrm{d}t} - \frac{\mathrm{d}\varphi}{\mathrm{d}t} = f(t, X(t)) - f(t, \varphi(t))$$
$$= f(t, \varphi(t) + Y) - f(t, \varphi(t))$$
$$= F(t, Y),$$

于是在变换(5.1.2)下,将方程组(5.1.1)化成

$$\frac{\mathrm{d}Y}{\mathrm{d}t} = F(t, Y), \tag{5.1.3}$$

其中 $F(t, Y) = f(t, \varphi(t) + Y) - f(t, \varphi(t))$. 这样关于方程组(5.1.1)的解 $X = \varphi(t, t_0, X_1)$ 的稳定性问题就化为方程组(5.1.3)的零解 $Y = 0$ 的稳定性问题了. 因此, 我们在下文中只考虑方程组(5.1.3)的零解 $Y = 0$ 的稳定性, 即假设 $F(t, 0) \equiv 0$, 并有如下定义.

定义 5.1.1 若对任意 $\varepsilon > 0$ 和 $t_0 \geqslant 0$, 存在 $\delta = \delta(\varepsilon, t_0)$, 当 $\|Y_0\| \leqslant \delta$ 时对所有的 $t \geqslant t_0$ 都有
$$\|Y(t, t_0, Y_0)\| < \varepsilon,$$
则称方程组(5.1.3)的零解是**稳定的**, 反之则是**不稳定的**. 参见图 5.1.

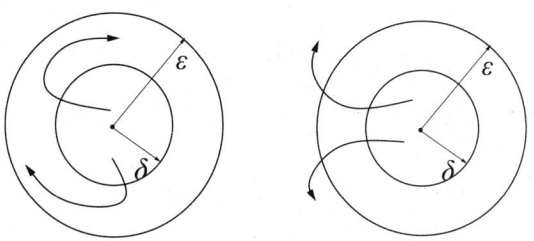

图 5.1　稳定零解和不稳定零解

定义 5.1.2 若方程组(5.1.3)的零解是稳定的, 且存在 $\delta_1 > 0$, 当 $\|Y_0\| \leqslant \delta_1$ 时, 有
$$\lim_{t \to \infty} \|Y(t, t_0, Y_0)\| = 0,$$
则称方程组(5.1.3)的零解是**渐近稳定**的. 参见图 5.2.

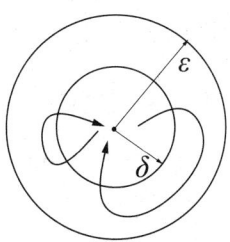

图 5.2　渐近稳定的零解

例 5.1.1 考察系统
$$\begin{cases} \dfrac{\mathrm{d}x}{\mathrm{d}t} = y, \\ \dfrac{\mathrm{d}y}{\mathrm{d}t} = -x \end{cases}$$
的零解的稳定性.

解：对于一切 $t \geq 0$，方程组满足初值条件 $x(0) = x_0, y(0) = y_0, x_0^2 + y_0^2 \neq 0$ 的解为

$$\begin{cases} x(t) = x_0 \cos t + y_0 \sin t, \\ y(t) = -x_0 \sin t + y_0 \cos t, \end{cases}$$

对任意 $\varepsilon > 0$，取 $\delta = \varepsilon$，则当 $(x_0^2 + y_0^2)^{\frac{1}{2}} < \delta$ 时，有

$$\begin{aligned} \left[x^2(t) + y^2(t)\right]^{\frac{1}{2}} &= \left[(x_0 \cos t + y_0 \sin t)^2 + (-x_0 \sin t + y_0 \cos t)^2\right]^{\frac{1}{2}} \\ &= \left(x_0^2 + y_0^2\right)^{\frac{1}{2}} < \delta = \varepsilon, \end{aligned}$$

故该系统的零解是稳定的.

然而，由于

$$\lim_{t \to \infty} [x^2(t) + y^2(t)]^{\frac{1}{2}} = \left(x_0^2 + y_0^2\right)^{\frac{1}{2}} \neq 0,$$

所以该系统的零解不是渐近稳定的.

例 5.1.2 考察系统

$$\begin{cases} \dfrac{\mathrm{d}x}{\mathrm{d}t} = -x, \\ \dfrac{\mathrm{d}y}{\mathrm{d}t} = -y \end{cases}$$

的零解的稳定性.

解：在 $t \geq 0$ 上，取初值为 $(0, x_0, y_0)$ 的解为

$$\begin{cases} x(t) = x_0 \mathrm{e}^{-t}, \\ y(t) = y_0 \mathrm{e}^{-t}, \end{cases}$$

其中 $x_0^2 + y_0^2 \neq 0$.

对任意 $\varepsilon > 0$，取 $\delta = \varepsilon$，则当 $(x_0^2 + y_0^2)^{\frac{1}{2}} < \delta$ 时，有

$$\begin{aligned} \left[x^2(t) + y^2(t)\right]^{\frac{1}{2}} &= \left[(x_0^2 \mathrm{e}^{-2t} + y_0^2 \mathrm{e}^{-2t})\right]^{\frac{1}{2}} \\ &\leq \left(x_0^2 + y_0^2\right)^{\frac{1}{2}} < \delta = \varepsilon (t \geq 0), \end{aligned}$$

故该系统的零解是稳定的.

由于

$$\lim_{t \to \infty} \left[x^2(t) + y^2(t)\right]^{\frac{1}{2}} = \lim_{t \to \infty} \left[x_0^2 \mathrm{e}^{-2t} + y_0^2 \mathrm{e}^{-2t}\right]^{\frac{1}{2}} = 0,$$

所以该系统的零解是渐近稳定的.

例 5.1.3 考察系统

$$\begin{cases} \dfrac{\mathrm{d}x}{\mathrm{d}t} = x, \\ \dfrac{\mathrm{d}y}{\mathrm{d}t} = y \end{cases}$$

的零解的稳定性.

解：方程组以 $(0, x_0, y_0)$ 为初值的解为

$$\begin{cases} x(t) = x_0 e^t, \\ y(t) = y_0 e^t, \end{cases}$$

其中 $x_0^2 + y_0^2 \neq 0$.

$$[x^2(t) + y^2(t)]^{\frac{1}{2}} = [(x_0^2 e^{2t} + y_0^2 e^{2t})]^{\frac{1}{2}} = (x_0^2 + y_0^2)^{\frac{1}{2}} e^t.$$

由于函数 e^t 随 t 的增大而无限增大. 因此, 对任意 $\varepsilon > 0$, 不管 $(x_0^2 + y_0^2)^{\frac{1}{2}}$ 取得怎样小, 只要 t 取得适当大时, 就不能保证 $[x^2(t) + y^2(t)]^{\frac{1}{2}}$ 小于预先给定的正数 ε, 所以该系统的零解是不稳定的.

例 5.1.4 考虑常系数线性微分方程组

$$\frac{\mathrm{d}\boldsymbol{X}}{\mathrm{d}t} = \boldsymbol{AX}, \tag{5.1.4}$$

其中 $\boldsymbol{X} \in \mathbf{R}^n$, $\boldsymbol{A}$ 是 $n \times n$ 阵. 证明：若 $\boldsymbol{A}$ 的所有特征根都具有严格负实部, 则方程组(5.1.4)的零解是渐近稳定的.

证：不失一般性, 我们取初始时刻 $t_0 = 0$, 设 $\boldsymbol{\phi}(t)$ 是方程组(5.1.4)的标准基解矩阵, 由第三章的内容知满足 $\boldsymbol{X(0)} = \boldsymbol{X}_0$ 的解 $\boldsymbol{X}(t)$ 可写为

$$\boldsymbol{X}(t) = \boldsymbol{\phi}(t)\boldsymbol{X}_0. \tag{5.1.5}$$

由 $\boldsymbol{A}$ 的所有特征根都具有负实部知

$$\lim_{t \to \infty} \|\boldsymbol{\phi}(t)\| = 0, \tag{5.1.6}$$

于是知存在 $t_1 > 0$, 使 $t > t_1$ 时 $\|\boldsymbol{\phi}(t)\| < \delta$. 从而对任意 $\varepsilon > 0$, 取 $\delta_0 = \varepsilon$, 则当 $\|\boldsymbol{X}_0\| < \delta_0$ 时, 由式(5.1.5)有

$$\|\boldsymbol{X}(t)\| \leqslant \|\boldsymbol{\phi}(t)\boldsymbol{X}_0\| \leqslant \|\boldsymbol{X}_0\| < \varepsilon.$$

当 $t \in [0, t_1]$ 时, 由解对初值的连续依赖性, 对上述 $\varepsilon > 0$, 存在 $\delta_1 > 0$, 当 $\|\boldsymbol{X}_0\| < \delta_1$ 时,

$$\|\boldsymbol{X}(t) - 0\| < \varepsilon, t \in [0, t_1].$$

取 $\delta = \min(\delta_0, \delta_1)$, 综合上面讨论知, 当 $\|\boldsymbol{X}_0\| < \delta$ 时, 有

$$\|\boldsymbol{X}(t)\| < \varepsilon, t \in [0, +\infty],$$

即 $\boldsymbol{X} = \boldsymbol{0}$ 是稳定的. 由式(5.1.6)知对任意 $\boldsymbol{X}_0$ 有

$$\lim_{t \to \infty} \boldsymbol{\phi}(t)\boldsymbol{X}_0 = 0,$$

故 $\boldsymbol{X} = \boldsymbol{0}$ 是渐近稳定的.

5.2 李雅普诺夫第二方法

上一节我们介绍了稳定性概念,但是据此来判定系统解的稳定性,其应用范围是极其有限的. 俄国数学家和力学家李雅普诺夫在 1892 年创立的用于分析系统稳定性的理论,同时适用于分析线性系统和非线性系统、定常系统和时变系统的稳定性,这是更为一般的稳定性分析方法. 李雅普诺夫创立了处理稳定性问题的两种方法,李雅普诺夫稳定性理论主要是指李雅普诺夫第二方法,又称李雅普诺夫直接法. 该方法在不求方程解的情况下,借助一个所谓的李雅普诺夫函数 $V(X)$,并通过微分方程所计算出来的导数 $\dfrac{\mathrm{d}V}{\mathrm{d}t}$ 的符号性质,就能直接推断出解的稳定性. 李雅普诺夫第二方法可用于任意阶的系统,运用这一方法可以不必求解系统状态方程而直接判定稳定性. 对于非线性系统和时变系统,状态方程的求解常常是很困难的,因此李雅普诺夫第二方法就显示出很大的优越性. 与第二方法相对应的是李雅普诺夫第一方法,又称李雅普诺夫间接法,它通过研究非线性系统的线性化状态方程的特征值的分布来判定系统稳定性. 之后,该方法没有得到大的发展,因而第一方法的影响远不及第二方法. 在现代控制理论中,李雅普诺夫第二方法是研究稳定性的主要方法,既是研究控制系统理论问题的一种基本工具,也是分析具体控制系统稳定性的一种常用方法. 李雅普诺夫第二方法的局限性是运用时需要有相当的经验和技巧,而且所给出的结论只是系统稳定或不稳定的充分条件.

为了便于理解,本节只考虑自治系统

$$\frac{\mathrm{d}X}{\mathrm{d}t} = F(X), \quad X \in \mathbf{R}^n, \qquad (5.2.1)$$

假设 $F(X) = (F_1(X), F_2(X), \cdots, F_n(X))^\mathrm{T}$ 在 $G = \{X \in \mathbf{R}^n, \|X\| \leqslant K\}$ 上连续,满足局部利普希茨条件,且 $F(0) = 0$.

为介绍李雅普诺夫基本定理,先引入李雅普诺夫函数概念.

定义 5.2.1 若函数

$$V(X): G \to \mathbf{R},$$

满足 $V(0) = 0$,$V(X)$ 和 $\dfrac{\partial V}{\partial x_i}(i=1,2,\cdots,n)$ 都连续,且若存在 $0 < H \leqslant K$,使在 $D = \{X|\|X\| \leqslant H\}$ 上 $V(X) \geqslant 0 (\leqslant 0)$,则称 $V(X)$ 是**常正(负)**的;若在 D 上除 $X = 0$ 外总有 $V(X) > 0 (< 0)$,则称 $V(X)$ 是**正(负)定**的;既不是常正又不是常负的函数称为**变号函数**.

通常称函数 $V(X)$ 为**李雅普诺夫函数**. 易知对于 $n=2$,函数 $V = x_1^2 + x_2^2$ 在 (x_1, x_2) 平面上为正定的;函数 $V = -x_1^2 - x_2^2$ 在 (x_1, x_2) 平面上为负定的;函数 $V = x_1^2 - x_2^2$ 在 (x_1, x_2) 平面上为变号函数;函数 $V = x_1^2$ 在 (x_1, x_2) 平面上为常正的.

李雅普诺夫函数有明显的几何意义. 首先看正定函数 $V = V(x_1, x_2)$.

在三维空间 (x_1, x_2, V) 中,$V = V(x_1, x_2)$ 是一个位于坐标面 x_1Ox_2,即 $V = 0$ 上方的曲面. 它与坐标面 x_1Ox_2 只在一个点,即在原点 $O(0, 0, 0)$ 处接触,参见图5.3.

如果用水平面 $V = C$(正常数)与 $V = V(x_1, x_2)$ 相交,并将截口垂直投影到 x_1Ox_2 平面上,就得到一组一个套一个的闭曲线族 $V(x_1, x_2) = C$,由于 $V = V(x_1, x_2)$ 连续可微,

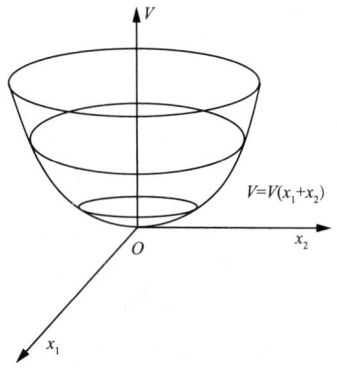

图 5.3　曲面 $V = V(x_1, x_2)$

且 $V(0,0) = 0$, 故在 $x_1 = x_2 = 0$ 的充分小的邻域中, $V(x_1, x_2)$ 可以任意小. 即在这些邻域中存在可任意小的 C 值使闭曲线 $V = C$. 参见图5.4.

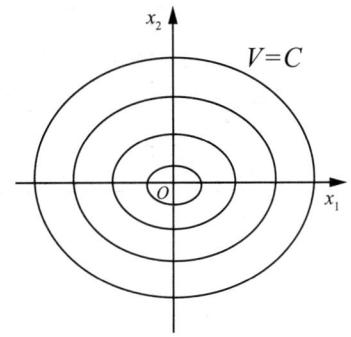

图 5.4　闭曲线族 $V(x_1, x_2) = C$

对于负定函数 $V = V(x_1, x_2)$ 可做类似的几何解释, 只是曲面 $V = V(x_1, x_2)$ 将在坐标面 $x_1 O x_2$ 的下方. 对于变号函数 $V = V(x_1, x_2)$, 自然应对应这样的曲面: 在原点 O 的任意邻域, 它既有在 $x_1 O x_2$ 平面上方的点, 又有在其下方的点.

定理 5.2.1 对系统(5.2.1), 若在区域 D 上存在李雅普诺夫函数 $V(\boldsymbol{X})$ 满足

(1) 正定;

(2) $\left.\dfrac{\mathrm{d}V}{\mathrm{d}t}\right|_{(5.2.1)} = \sum\limits_{i=1}^{n} \dfrac{\partial V}{\partial x_i} F_i(\boldsymbol{X})$ 常负,

则系统(5.2.1)的零解是稳定的.

证: 对任意 $\varepsilon > 0 (\varepsilon < H)$, 记

$$\varGamma = \{\boldsymbol{X} \mid \|\boldsymbol{X}\| = \varepsilon\},$$

则由 $V(\boldsymbol{X})$ 正定、连续和 $\varGamma$ 是有界闭集知

$$b = \min_{\boldsymbol{X} \in \varGamma} V(\boldsymbol{X}) > 0.$$

由 $V(\mathbf{0}) = 0$ 和 $V(\mathbf{X})$ 连续知，存在 $\delta > 0 (\delta < \varepsilon)$，使当 $\|\mathbf{X}\| \leqslant \delta$ 时, $V(\mathbf{X}) < b$，于是有 $\|\mathbf{X}\| \leqslant \delta$ 时,

$$\mathbf{X}(t, t_0, \mathbf{X}_0) < \varepsilon, \quad t \geqslant t_0. \tag{5.2.2}$$

若上述不等式不成立，由 $\|\mathbf{X}\| \leqslant \delta < \varepsilon$ 和 $\mathbf{X}(t, t_0, \mathbf{X}_0)$ 的连续性知存在 $t_1 > t_0$，当 $t \in [t_0, t_1)$ 时，$\|\mathbf{X}(t, t_0, \mathbf{X}_0)\| < \varepsilon$，而 $\|\mathbf{X}(t_1, t_0, \mathbf{X}_0)\| = \varepsilon$，那么由 b 的定义，有

$$V(\mathbf{X}(t_1, t_0, \mathbf{X}_0)) \geqslant b. \tag{5.2.3}$$

另一方面，由条件 (2) 知 $\dfrac{\mathrm{d}V(\mathbf{X}(t, t_0, \mathbf{X}_0))}{\mathrm{d}t} \leqslant 0$ 在 $[t_0, t_1]$ 上成立，即 $t \in [t_0, t_1]$ 时，

$$V(\mathbf{X}(t, t_0, \mathbf{X}_0)) \leqslant V(\mathbf{X}_0) < b,$$

自然有 $V(\mathbf{X}(t_1, t_0, \mathbf{X}_0)) < b$. 这与式(5.2.3)矛盾，即式(5.2.2)成立. 图5.5为 $n = 2$ 的情况.

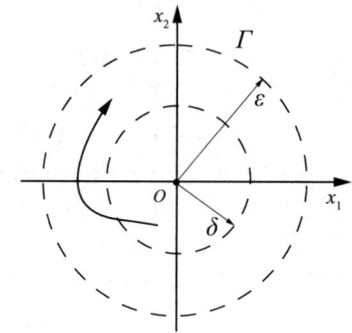

图 5.5　二维情形零解稳定示意图

例 5.2.1 考虑无阻尼线性振动方程

$$\ddot{x} + \omega^2 x = 0 \tag{5.2.4}$$

的平衡位置的稳定性.

解：把方程(5.2.4)化为等价系统

$$\begin{cases} \dfrac{\mathrm{d}x}{\mathrm{d}t} = y, \\ \dfrac{\mathrm{d}y}{\mathrm{d}t} = -\omega^2 x. \end{cases} \tag{5.2.5}$$

方程(5.2.4)的平衡位置即系统(5.2.5)的零解. 做 V 函数:

$$V(x, y) = \dfrac{1}{2}\left(x^2 + \dfrac{1}{\omega^2} y^2\right),$$

有
$$\left.\frac{\mathrm{d}V}{\mathrm{d}t}\right|_{(5.2.5)} = (x\dot{x}) + \frac{1}{\omega^2}y\dot{y},$$

即 $V(x,y)$ 正定，$\left.\dfrac{\mathrm{d}V}{\mathrm{d}t}\right|_{(5.2.5)} \leqslant 0$．于是由定理5.2.1知系统(5.2.5)的零解是稳定的，即方程(5.2.4)的平衡位置是稳定的．

引理 5.2.1 若 $V(\boldsymbol{X})$ 是正定（或负定）的李雅普诺夫函数，且对连续有界函数 $\boldsymbol{X}(t)$ 有
$$\lim_{t\to\infty} V(\boldsymbol{X}(t)) = 0,$$
则
$$\lim_{t\to\infty} \boldsymbol{X}(t) = \boldsymbol{0}.$$

证明由读者自己完成．

定理 5.2.2 对系统(5.2.1)，若在区域 D 上存在李雅普诺夫函数 $V(\boldsymbol{X})$ 满足

(1) 正定；

(2) $\left.\dfrac{\mathrm{d}V}{\mathrm{d}t}\right|_{(5.2.1)} = \sum\limits_{i=1}^{n}\dfrac{\partial V}{\partial x_i}F_i(\boldsymbol{X})$ 负定，

则系统(5.2.1)的零解是渐近稳定的．

证： 由定理5.2.1知系统(5.2.1)的零解是稳定的．取 $\bar{\delta}$ 为定理5.2.1的证明过程中的 δ，于是当 $\|\boldsymbol{X}\| \leqslant \bar{\delta}$ 时，$V(\boldsymbol{X}(t,t_0,\boldsymbol{X}_0))$ 单调下降．若 $\boldsymbol{X}_0 = \boldsymbol{0}$，则由唯一性知 $\boldsymbol{X}(t,t_0,\boldsymbol{X}_0) = \boldsymbol{0}$，自然有
$$\lim_{t\to\infty} \boldsymbol{X}(t,t_0,\boldsymbol{X}_0) = \boldsymbol{0}.$$

不妨设 $\boldsymbol{X}_0 \neq \boldsymbol{0}$，由初值问题解的唯一性，对任意 t，$\boldsymbol{X}(t,t_0,\boldsymbol{X}_0) \neq \boldsymbol{0}$，从而由 $V(\boldsymbol{X})$ 的正定性知 $V(\boldsymbol{X}(t,t_0,\boldsymbol{X}_0)) > 0$ 恒成立，那么存在 $a \geqslant 0$，使
$$\lim_{t\to\infty} V(\boldsymbol{X}(t,t_0,\boldsymbol{X}_0)) = a.$$

假设 $a > 0$，联系 $V(\boldsymbol{X}(t,t_0,\boldsymbol{X}_0))$ 的单调性有
$$a < V(\boldsymbol{X}(t,t_0,\boldsymbol{X}_0)) < V(\boldsymbol{X}_0), \quad t > t_0,$$

从而由 $V(\boldsymbol{0}) = 0$ 知存在 h，使 $t > t_0$ 时，有
$$h < \|\boldsymbol{X}(t,t_0,\boldsymbol{X}_0)\| < \bar{\delta}. \tag{5.2.6}$$

由条件 (2) 有
$$M = \max_{h \leqslant \|\boldsymbol{X}\| \leqslant \bar{\delta}} \frac{\mathrm{d}V}{\mathrm{d}t} < 0,$$

故从式(5.2.6)知
$$\frac{\mathrm{d}V(\boldsymbol{X}(t,t_0,\boldsymbol{X}_0))}{\mathrm{d}t} \leqslant M,$$

对上述不等式两端从 t_0 到 $t(> t_0)$ 积分, 得

$$V(X(t,t_0,X_0)) - V(X_0) \leq M(t-t_0).$$

该不等式意味着

$$\lim_{t \to \infty} V(X(t,t_0,X_0)) = -\infty,$$

这显然与 $V(X)$ 正定矛盾. 故 $a = 0$, 即

$$\lim_{t \to \infty} V(X(t,t_0,X_0)) = 0.$$

由于零解是稳定的, 所以 $X(t,t_0,X_0)$ 在 $[t_0, +\infty)$ 上有界, 再由引理5.2.1知

$$\lim_{t \to \infty} X(t,t_0,X_0) = \mathbf{0}.$$

例 5.2.2 证明方程组

$$\begin{cases} \dfrac{\mathrm{d}x}{\mathrm{d}t} = -y + x(x^2 + y^2 - 1), \\ \dfrac{\mathrm{d}y}{\mathrm{d}t} = x + y(x^2 + y^2 - 1) \end{cases} \tag{5.2.7}$$

的零解渐近稳定.

证: 做李雅普诺夫函数

$$V(x,y) = \frac{1}{2}(x^2 + y^2),$$

有

$$\begin{aligned}\left.\frac{\mathrm{d}V}{\mathrm{d}t}\right|_{(5.2.7)} &= (x\dot{x} + y\dot{y})|_{(5.2.7)} \\ &= (x^2 + y^2)(x^2 + y^2 - 1),\end{aligned}$$

在区域 $D = \{(x,y) | x^2 + y^2 < 1\}$ 上 $V(x,y)$ 正定, $\left.\dfrac{\mathrm{d}V}{\mathrm{d}t}\right|_{(5.2.7)}$ 负定, 故由定理5.2.2 知其零解渐近稳定.

最后, 给出不稳定性定理而略去证明.

定理 5.2.3 对系统(5.2.1), 若在区域 D 上存在李雅普诺夫函数 $V(X)$ 满足

(1) $\left.\dfrac{\mathrm{d}V}{\mathrm{d}t}\right|_{(5.2.1)} = \sum\limits_{i=1}^{n} \dfrac{\partial V}{\partial x_i} F_i(X)$ 正定;

(2) $V(X)$ 不是常函数,

则系统(5.2.1)的零解是不稳定的.

习题

1. 对于方程组
$$\begin{cases} \dfrac{\mathrm{d}x_1}{\mathrm{d}t} = -x_1 x_2^4, \\ \dfrac{\mathrm{d}x_2}{\mathrm{d}t} = x_2 x_1^4, \end{cases}$$

试说明 $V(x_1, x_2) = x_1^2 + x_2^2$ 是正定的, 而 $\dfrac{\mathrm{d}V}{\mathrm{d}t}$ 是常负的.

2. 讨论方程组
$$\begin{cases} \dfrac{\mathrm{d}x_1}{\mathrm{d}t} = -4x_2 - x_1^3, \\ \dfrac{\mathrm{d}x_2}{\mathrm{d}t} = 3x_1 - x_2^3 \end{cases}$$

的零解的稳定性.

3. 讨论自治系统
$$\begin{cases} \dfrac{\mathrm{d}x_1}{\mathrm{d}t} = -x_1 - x_1 x_2^2, \\ \dfrac{\mathrm{d}x_2}{\mathrm{d}t} = -2x_1^2 x_2 - x_2^3 \end{cases}$$

的零解的稳定性.

5.3 平面自治系统的基本概念

本节考虑平面自治系统

$$\begin{cases} \dfrac{\mathrm{d}x}{\mathrm{d}t} = P(x, y), \\ \dfrac{\mathrm{d}y}{\mathrm{d}t} = Q(x, y), \end{cases} \tag{5.3.1}$$

以下总假设函数 $P(x,y), Q(x,y)$ 在区域

$$D: |x| < H, |y| < H \quad (H \leqslant +\infty)$$

上连续并满足初值解的存在唯一性定理的条件.

5.3.1 相平面、相轨线与相图

我们把 xOy 平面称为系统(5.3.1)的**相平面**, 而把系统(5.3.1)的解 $x = x(t), y = y(t)$ 在 xOy 平面上的轨迹称为系统(5.3.1)的**轨线**或**相轨线**. 轨线族在相平面上的图像称为系统(5.3.1)的**相图**.

易于看出, 解 $x = x(t), y = y(t)$ 在相平面上的轨线正是这个解在 (x, y, t) 三维空间中的积分曲线在相平面 xOy 上的投影. 我们以后会看到, 用轨线来研究系统(5.3.1)的解通常要比用积分曲线方便得多.

下面通过一个例子来说明方程组的积分曲线和轨线的关系.

例 5.3.1

$$\begin{cases} \dfrac{\mathrm{d}x}{\mathrm{d}t} = -y, \\ \dfrac{\mathrm{d}y}{\mathrm{d}t} = x, \end{cases}$$

很明显, 以上方程组有特解 $x = \cos t, y = \sin t$, 它在 (x, y, t) 三维空间中的积分曲线是一条螺旋线 (见图5.6), 它经过点 $(1, 0, 0)$. 当 t 增加时, 螺旋线向上方盘旋. 上述解在 xOy 平面上的轨线是圆 $x^2 + y^2 = 1$, 它恰为上述积分曲线在 xOy 平面上的投影.

另外, 易知对于任意常数 α, 函数 $x = \cos(t + \alpha), y = \sin(t + \alpha)$ 也是方程组的解. 它的积分曲线是经过点 $(\cos \alpha, \sin \alpha, 0)$ 的螺旋线. 但是, 它们与解 $x = \cos t, y = \sin t$ 有同一条轨线 $x^2 + y^2 = 1$.

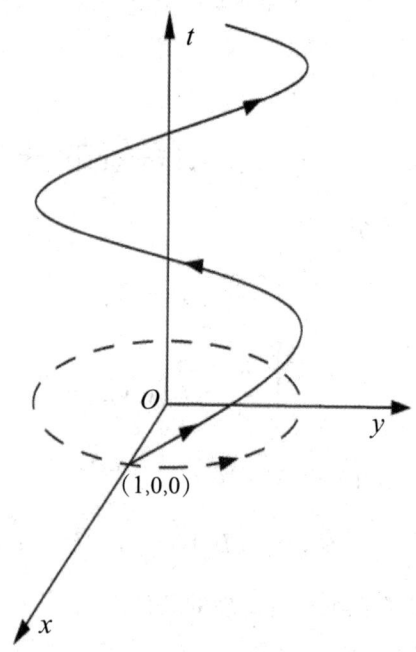

图 5.6　积分曲线及投影

同时可以看出, $x = \cos(t + \alpha), y = \sin(t + \alpha)$ 的积分曲线可由 $x = \cos t, y = \sin t$ 的积分曲线沿 t 轴向下平移距离 α 得到. 由于 α 的任意性, 可知轨线 $x^2 + y^2 = 1$ 对应无穷多

条积分曲线.

为了画出方程组在相平面上的相图, 求出方程组的通解为

$$\begin{cases} x = A\cos(t+\alpha), \\ y = A\sin(t+\alpha), \end{cases}$$

其中 A, α 为任意常数. 于是方程组的轨线就是圆族. 特别地, $x=0, y=0$ 是方程的解, 它的轨线是原点 $O(0,0)$.

5.3.2 平面自治系统的三个基本性质

性质 1 积分曲线的平移不变性.

设 $x = x(t), y = y(t)$ 是自治系统(5.3.1)的一个解, 则对于任意常数 τ, 函数 $x = x(t+\tau), y = y(t+\tau)$ 也是系统(5.3.1)的解.

事实上, 我们有恒等式

$$\frac{\mathrm{d}x(t+\tau)}{\mathrm{d}t} = \frac{\mathrm{d}x(t+\tau)}{\mathrm{d}(t+\tau)} = P(x(t+\tau), y(t+\tau)),$$

$$\frac{\mathrm{d}y(t+\tau)}{\mathrm{d}t} = \frac{\mathrm{d}y(t+\tau)}{\mathrm{d}(t+\tau)} = Q(x(t+\tau), y(t+\tau)).$$

由这个事实可以推出: 将系统(5.3.1)的积分曲线沿轴作任意平移后, 仍然是系统(5.3.1)的积分曲线. 从而它们所对应的轨线也相同. 于是, 自治系统(5.3.1)的一条轨线对应着无穷多个解.

性质 2 轨线的唯一性.

如果 $P(x,y), Q(x,y)$ 满足初值解的存在唯一性定理条件, 则过相平面上的区域 D 的任意一点 $p_0 = (x_0, y_0)$, 系统(5.3.1)存在唯一一条轨线. 事实上, 假设在相平面的 p_0 点附近有两条不同的轨线段 l_1 和 l_2 都通过 p_0 点, 则在 (t,x,y) 空间中至少存在两条不同的积分曲线段 Γ_1 和 Γ_2(它们有可能属于同一条积分曲线), 使得它们在相空间中的投影分别是 l_1 和 l_2(见图5.7, 这时不妨设 $t_1 < t_2$). 现在把 Γ_1 所在的积分曲线沿 t 轴向右平移 $t_2 - t_1$, 则由性质 1 知道, 平移后得到的 $\tilde{\Gamma}$ 仍是系统(5.3.1)的积分曲线, 并且它与 Γ_2 至少有一个公共点. 因此, 利用解的唯一性, $\tilde{\Gamma}$ 与 Γ_2 应完全重合, 从而它们在相空间中有相同的投影. 另一方面, Γ_1 与 $\tilde{\Gamma}$ 在相空间显然也有相同的投影, 这说明 Γ_1 和 Γ_2 在相平面中的 p_0 点附近有相同的投影, 而这与上面的假设矛盾.

性质 1 和性质 2 说明相平面上每条轨线都是沿 t 轴可平移重合的一族积分曲线的投影, 而且只是这族积分曲线的投影.

此外, 由性质 1 同样还可知道, 系统(5.3.1) 的解 $(x(t, t_0, x_0, y_0), y(t, t_0, x_0, y_0))$ 的一个平移 $(x(t-t_0, 0, x_0, y_0), y(t-t_0, 0, x_0, y_0))$ 仍是系统(5.3.1)的解, 并且它们满足同样的初值条件, 从而由解的唯一性知

$$x(t-t_0, 0, x_0, y_0) = x(t, t_0, x_0, y_0),$$

$$y(t-t_0, 0, x_0, y_0) = y(t, t_0, x_0, y_0).$$

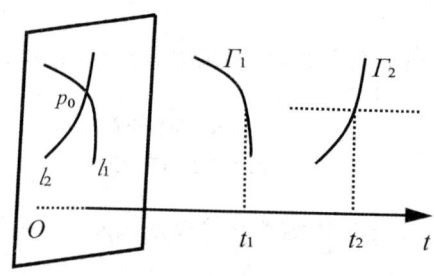

图 5.7 轨线

因此,在系统(5.3.1)的解族中我们只需考虑对应初始时刻 $t_0 = 0$ 的解,并简记为

$$x(t, x_0, y_0) = x(t, 0, x_0, y_0), y(t, x_0, y_0) = y(t, 0, x_0, y_0).$$

性质 3 群的性质.

系统(5.3.1)的解满足关系式

$$x(t_2, x(t_1, x_0, y_0), y(t_1, x_0, y_0)) = x(t_1 + t_2, x_0, y_0), \tag{5.3.2}$$

$$y(t_2, x(t_1, x_0, y_0), y(t_1, x_0, y_0)) = y(t_1 + t_2, x_0, y_0). \tag{5.3.3}$$

其几何意义是:在相平面上,如果从点 $p_0 = (x_0, y_0)$ 出发的轨线经过时间 t_1 到达点 $p_1 = (x_1, y_1) = (x(t_1, x_0, y_0), y(t_1, x_0, y_0))$,再经过时间 t_2 到达点 $p_2 = (x(t_2, x_1, y_1), y(t_2, x_1, y_1))$,那么从点 p_0 出发的轨线经过时间 $t_1 + t_2$ 也到达点 p_2.

事实上,由平移不变性 (性质 1) 知,$(x(t+t_1, x_0, y_0), y(t+t_1, x_0, y_0))$ 是系统(5.3.1)的解,而且易知它与解 $(x(t, x_1, y_1), y(t, x_1, y_1))$ 在 $t = 0$ 时的初值都等于 $(x_1, y_1) = (x(t_1, x_0, y_0), y(t_1, x_0, y_0))$. 由解的唯一性知,这两个解应该相等,取 $t = t_2$ 就得到式(5.3.2)和式(5.3.3).

对于固定的 $t \in \mathbf{R}$,定义平面到自身的变换 ϕ_t 如下:

$$\phi_t(x_0, y_0) = (x(t, x_0, y_0), y(t, x_0, y_0)),$$

也就是 ϕ_t 把点 (x_0, y_0) 映到由该点出发的轨线经过时间 t 到达的点. 在集合 $\phi = {\phi_t : t \in \mathbf{R}}$ 中引入乘法运算

$$\phi_{t_1} \circ \phi_{t_2}(x_0, y_0) = \phi_{t_1}(\phi_{t_2}(x_0, y_0)),$$

由式(5.3.2)和式(5.3.3)知 $\phi_{t_1} \circ \phi_{t_2} = \phi_{t_1+t_2}$. 所以乘法运算 ∘ 在集合 ϕ 中是封闭的,而且满足结合律,故二元组 $(\phi, \circ)$ 构成一个群. 容易验证,其单位元为 ϕ_0,而 ϕ_t 的逆元为 ϕ_{-t}. 这就是群性质名称的由来. 这个平面到自身的变换群也称作由系统(5.3.1)生成的动力系统. 有时也把系统(5.3.1)叫作一个动力系统. 由此开展的研究工作引申出动力系统这个重要的研究方向.

5.3.3 常点、奇点与闭轨

现在考虑自治系统(5.3.1)的轨线类型. 显然, 系统(5.3.1)的一个解 $x = x(t), y = y(t)$ 所对应的轨线可分为自身不相交和自身相交的两种情形. 其中轨线自身相交是指存在不同时刻 t_1, t_2, 使得 $x(t_1) = x(t_2), y(t_1) = y(t_2)$. 这样的轨线又有以下两种可能的形状:

(1) 若对一切 $t \in (-\infty, +\infty)$, 有

$$x(t) \equiv x_0, y(t) \equiv y_0, \quad (x_0, y_0) \in D,$$

则称 $x = x_0, y = y_0$ 为系统(5.3.1)的一个定常解. 它所对应的积分曲线是 (t, x, y) 空间中平行于 t 轴的直线 $x = x_0, y = y_0$. 对应此解的轨线是相平面中的一个点 (x_0, y_0). 我们称 (x_0, y_0) 为奇点 (或平衡点). 显然 (x_0, y_0) 是系统(5.3.1)的一个奇点的充分必要条件是

$$P(x_0, y_0) = 0, Q(x_0, y_0) = 0.$$

(2) 若存在 $T > 0$, 使得对一切 t 有

$$x(t + T) = x(t), y(t + T) = y(t),$$

则称 $x = x(t), y = y(t)$ 为系统(5.3.1)的一个周期解, T 为周期. 它所对应的轨线显然是相平面中的一条闭曲线, 称为闭轨.

由以上讨论和(5.3.1)轨线的唯一性, 我们有如下结论: 自治系统(5.3.1)的一条轨线只可能是下列三种类型之一: (1) 奇点; (2) 闭轨; (3) 自身不相交的非闭轨线.

平面定性理论的研究目标是: 在不求解的情况下, 仅从系统(5.3.1)右端函数的性质出发, 在相平面上描绘出其轨线的分布图. 如何完成这一任务呢? 现在我们从运动的观点给出系统(5.3.1)的另一种几何解释.

如果把系统(5.3.1)看成描述平面上一个运动质点的运动方程, 那么系统(5.3.1)在相平面上每一点 (x, y) 确定了一个速度向量

$$V(x, y) = (P(x, y), Q(x, y)), \tag{5.3.4}$$

因而, 系统(5.3.1)在相平面上定义了一个速度场或向量场. 而系统(5.3.1)的轨线就是相平面上一条与速度向量(5.3.4)相吻合的光滑曲线. 这样积分曲线与轨线的显著区别是积分曲线可以不考虑方向, 而轨线是一条有向曲线, 通常用箭头在轨线上标明对应时间增大时的运动方向. 进一步, 在系统(5.3.1)中消去 t, 得到方程

$$\frac{dy}{dx} = \frac{Q(x, y)}{P(x, y)}. \tag{5.3.5}$$

由方程(5.3.5)易见, 经过相平面上每一个常点的轨线只有唯一一条, 而且可以证明常点附近的轨线拓扑等价于平行直线. 这样, 只有在奇点处, 向量场的方向才不确定. 因此, 在平面定性理论中, 通常从奇点入手, 弄清楚奇点附近的轨线分布情况. 然后, 再弄清系统(5.3.1)是否存在闭轨, 因为一条闭轨线可以把平面分成内部和外部, 再由轨线的唯一性, 对应内部的轨线不能走到外部, 同样对应外部的轨线也不能进入内部. 这对理解系统整体的性质会起很大的作用.

5.4 平面定性理论简介

本节将对如何获得平面系统(5.3.1)的整体相图结构做简单介绍.

5.4.1 初等奇点附近的轨线分布

前面我们已经得到, 奇点是动力系统

$$\begin{cases} \dfrac{\mathrm{d}x}{\mathrm{d}t} = P(x,y), \\ \dfrac{\mathrm{d}y}{\mathrm{d}t} = Q(x,y) \end{cases}$$

的一类特殊轨线. 它对于研究系统(5.3.1)的相图有重要的意义. 为此, 本节先研究一类最简单的自治系统——平面线性系统的奇点与它附近的轨线的关系. 平面线性系统的一般形式为

$$\begin{cases} \dfrac{\mathrm{d}x}{\mathrm{d}t} = a_{11}x + a_{12}y, \\ \dfrac{\mathrm{d}y}{\mathrm{d}t} = a_{21}x + a_{22}y. \end{cases} \tag{5.4.1}$$

假定其系数矩阵

$$A = \begin{pmatrix} a_{11} & a_{12} \\ a_{21} & a_{22} \end{pmatrix}$$

为非奇异矩阵, 即其行列式 $\det A \neq 0$(A 不以零为特征根).

显然, 系统(5.4.1)只有一个奇点 $(0,0)$. 研究系统(5.4.1)在 $(0,0)$ 点附近的轨线分布. 因为系统(5.4.1)是可解的, 我们的做法是先求出系统的通解, 然后消去参数 t, 得到轨线方程. 从而了解在奇点 $(0,0)$ 附近的轨线分布情况. 根据奇点附近轨线分布的形式, 可以确定奇点有四种类型, 即结点、鞍点、焦点和中心.

为了讨论问题方便, 把方程组写成向量形式.

令

$$X = \begin{pmatrix} x \\ y \end{pmatrix},$$

则

$$\dfrac{\mathrm{d}X}{\mathrm{d}t} = \begin{pmatrix} \dfrac{\mathrm{d}x}{\mathrm{d}t} \\ \dfrac{\mathrm{d}y}{\mathrm{d}t} \end{pmatrix},$$

此时系统(5.4.1)可以写成向量形式

$$\dfrac{\mathrm{d}X}{\mathrm{d}t} = AX. \tag{5.4.2}$$

1. 系数矩阵为标准型的平面线性系统的奇点附近的轨线分布

研究线性系统(5.4.2)在奇点 (0,0) 附近轨线分布的方法是, 首先应用线性变换, 把系统(5.4.2) 化成标准型, 并从化成标准型的方程中求出解来, 确定其轨线分布, 然后再回过头来考虑原系统(5.4.2)在奇点附近的轨线分布.

根据线性代数中关于矩阵的定理, 存在非奇异矩阵 T, 使得

$$J = T^{-1}AT \quad (J \text{为若当标准型}),$$

令 $\tilde{X} = \begin{pmatrix} \tilde{x} \\ \tilde{y} \end{pmatrix}$, 做代换 $\tilde{X} = TX$, 则

$$\frac{d\tilde{X}}{dt} = T\frac{dX}{dt} = TAX = J\tilde{X},$$

于是系统(5.4.2)化成

$$\frac{d\tilde{X}}{dt} = J\tilde{X}. \tag{5.4.3}$$

由线性变换的理论可知, 标准型 J 的形式由系数矩阵 A 的特征根的情况决定.

(1) 特征根为相异实根 λ, μ 时,

$$J = \begin{pmatrix} \lambda & 0 \\ 0 & \mu \end{pmatrix};$$

(2) 特征根为重根 λ 时, 根据 A 的初等因子的不同情形, A 的标准型 J 可能有两种, 为方便计算, 写成

$$J = \begin{pmatrix} \lambda & 0 \\ 0 & \lambda \end{pmatrix} \text{ 或 } J = \begin{pmatrix} \lambda & 0 \\ 1 & \lambda \end{pmatrix};$$

(3) 特征根为共轭复根 $\alpha \pm \beta i$ 时,

$$J = \begin{pmatrix} \alpha & \beta \\ -\beta & \alpha \end{pmatrix}.$$

(因 $\det A \neq 0$, 特征根不能为零.)

考察系统(5.4.3), 为了书写方便, 去掉上标, 把系统(5.4.3)写成

$$\frac{dX}{dt} = JX. \tag{5.4.4}$$

下面就 J 的不同情况来研究系统(5.4.3)[系统(5.4.4)] 的轨线分布.

(1) 当

$$J = \begin{pmatrix} \lambda & 0 \\ 0 & \mu \end{pmatrix} (\lambda \neq \mu),$$

时, 系统(5.4.4)写成纯量形式

$$\begin{cases} \dfrac{\mathrm{d}x}{\mathrm{d}t} = \lambda x, \\ \dfrac{\mathrm{d}y}{\mathrm{d}t} = \mu y, \end{cases} \tag{5.4.5}$$

求它的通解, 得

$$x = c_1 \mathrm{e}^{\lambda t}, y = c_2 \mathrm{e}^{\mu t}, \tag{5.4.6}$$

消去参数 t, 得轨线方程

$$y = C|x|^{\frac{\mu}{\lambda}} (C 为任意常数). \tag{5.4.7}$$

这里假定 $|\mu| > |\lambda|$, 即 μ 表示特征根中绝对值较大的一个. 显然, 这不妨碍对一般性的讨论, 如 $|\mu| < |\lambda|$, 则只要互换 x 轴和 y 轴即可.

a) λ, μ 同号

这时由于 $\dfrac{\mu}{\lambda} > 0$, 轨线(5.4.7)是抛物线型的. 同时, 由(5.4.6)知, x 轴的正、负半轴及 y 轴的正、负半轴也都是系统(5.4.5)的轨线. 由原点 $(0,0)$ 是系统(5.4.5)的奇点及轨线的唯一性知, 轨线(5.4.7)及四条半轴轨线均不能过原点. 但是由式(5.4.6)可以看出, 当 $\mu < \lambda < 0$ 时, 轨线在 $t \to +\infty$ 时趋于原点 (见图5.8); 当 $\mu > \lambda > 0$ 时, 轨线在 $t \to -\infty$ 时趋于原点 (见图5.9). 另外, 我们有

$$\frac{\mathrm{d}y}{\mathrm{d}x} = \frac{c_2 \mu \mathrm{e}^{\mu t}}{c_1 \lambda \mathrm{e}^{\lambda t}} = \frac{c_2 \mu}{c_1 \lambda} \mathrm{e}^{(\mu - \lambda)t}.$$

于是, 当 $\mu < \lambda < 0$ 时, 轨线 (除正、负 y 半轴外) 的切线斜率在 $t \to +\infty$ 时趋于零, 即轨线以 x 轴为其切线的极限位置. 当 $\mu > \lambda > 0$ 时, 轨线 (除正、负 y 半轴外) 的切线斜率在 $t \to -\infty$ 时趋于零, 即轨线以 x 轴为其切线.

如果在某奇点附近的轨线具有如图5.8所示的分布情形, 就称该奇点为稳定结点. 因此, 当 $\mu < \lambda < 0$ 时, 原点 O 是系统(5.4.5)的稳定结点.

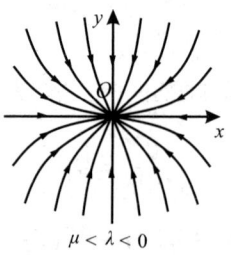

图 5.8　稳定结点

如果在某奇点附近的轨线具有如图5.9所示的分布情形, 就称该奇点为不稳定结点. 因此, 当 $\mu > \lambda > 0$ 时, 原点 O 是系统(5.4.5)的不稳定结点.

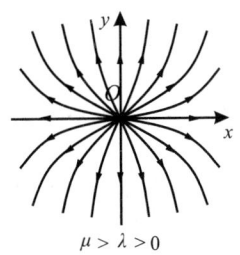

图 5.9　不稳定结点

b)λ, μ 异号

这时，由于 $\dfrac{\mu}{\lambda} < 0$, 轨线(5.4.7)是双曲线型的. 四个坐标半轴也是轨线. 先讨论 $\lambda < 0 < \mu$ 的情形. 由(5.4.6) 易看出当 $t \to +\infty$ 时, 动点 (x, y) 沿正、负 x 半轴轨线趋于奇点 $(0,0)$, 而沿正、负 y 半轴轨线远离奇点 $(0,0)$. 而其余的轨线均在一度接近奇点 $(0,0)$ 后又远离奇点 (见图5.10).

对 $\mu < 0 < \lambda$ 的情形可以类似地加以讨论, 轨线分布情形如图5.11所示.

如果在某奇点附近的轨线具有如图5.10或图5.11所示的分布情形, 称该奇点为鞍点. 因此, 当 λ, μ 异号时, 原点 O 是系统(5.4.5)的鞍点.

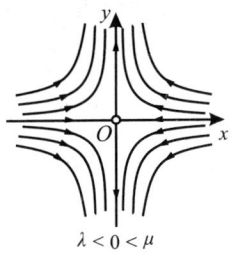

图 5.10　鞍点 (一)

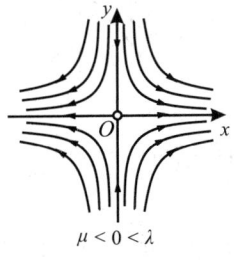

图 5.11　鞍点 (二)

(2) 当

$$J = \begin{pmatrix} \lambda & 0 \\ 0 & \lambda \end{pmatrix}$$

时, 把系统(5.4.4)写成纯量形式, 就得到

$$\begin{cases} \dfrac{\mathrm{d}x}{\mathrm{d}t} = \lambda x, \\ \dfrac{\mathrm{d}y}{\mathrm{d}t} = \lambda y, \end{cases} \tag{5.4.8}$$

对系统(5.4.8)积分, 得通解

$$x = c_1 \mathrm{e}^{\lambda t}, \quad y = c_2 \mathrm{e}^{\lambda t}. \tag{5.4.9}$$

消去参数 t, 得轨线方程

$$y = Cx \ (C\text{为任意常数}).$$

根据 λ 的符号, 轨线图如图 5.12 和图 5.13 所示. 轨线为从奇点出发的半射线.

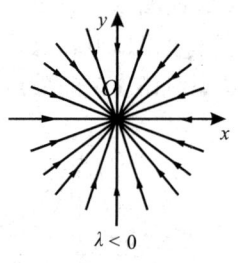

图 5.12　稳定临界结点

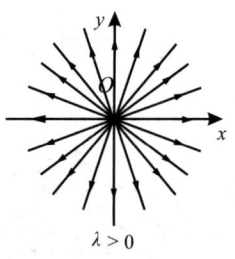

图 5.13　不稳定临界结点

如果在奇点附近的轨线具有这样的分布, 就称该奇点为临界结点. 由通解(5.4.9) 可以看出: 当 $\lambda < 0$ 时, 轨线在 $t \to +\infty$ 时趋近于原点. 这时, 称奇点 O 为稳定临界结点; 当 $\lambda > 0$ 时, 轨线的正向远离原点, 称 O 为不稳定临界结点.

当

$$J = \begin{pmatrix} \lambda & 0 \\ 1 & \lambda \end{pmatrix}$$

时, 把系统(5.4.4)写成纯量形式, 就得到

$$\begin{cases} \dfrac{dx}{dt} = \lambda x, \\[2mm] \dfrac{dy}{dt} = x + \lambda y, \end{cases}$$

积分此方程组, 得通解

$$x = c_1 e^{\lambda t}, y = (c_2 t + c_3) e^{\lambda t}.$$

消去参数 t, 得轨线方程

$$y = (C_1 \ln|x| + C_0)x \quad (C_0, C_1 \text{ 为任意常数}).$$

易知道有以下关系:

$$\lim_{x \to \infty} y = 0, \lim_{x \to \infty} y'_x = \infty.$$

所以当轨线接近原点时, 以 y 轴为其切线的极限位置. 此外, 正、负 y 半轴也都是轨线. 轨线在原点附近的分布情形如图5.14 及图5.15所示. 如果在奇点附近轨线具有这样的分布, 就称它是退化结点. 当 $\lambda < 0$ 时, 轨线在 $t \to +\infty$ 时趋于奇点, 称该奇点为稳定退化结点; 当 $\lambda > 0$ 时, 轨线在 $t \to +\infty$ 时远离奇点, 称该奇点为不稳定退化结点.

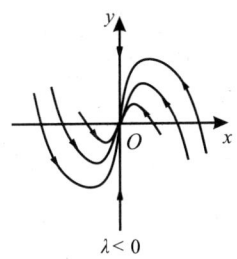

图 5.14 稳定退化结点

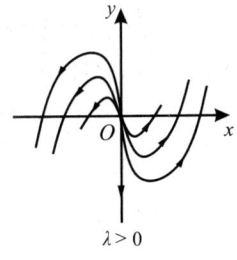

图 5.15 不稳定退化结点

(3) 当

$$J = \begin{pmatrix} \alpha & \beta \\ -\beta & \alpha \end{pmatrix}$$

时, 把系统(5.4.4)写成纯量形式, 就得到

$$\begin{cases} \dfrac{dx}{dt} = \alpha x + \beta y, \\[2mm] \dfrac{dy}{dt} = -\beta x + \alpha y, \end{cases} \tag{5.4.10}$$

我们来积分上述方程组. 将第一个方程乘 x, 第二个方程乘 y, 然后相加, 得

$$x\frac{dx}{dt} + y\frac{dy}{dt} = \alpha(x^2 + y^2),$$

或写成

$$\frac{d(x^2+y^2)}{2(x^2+y^2)} = \alpha dt,$$

因而得到

$$\sqrt{(x^2+y^2)} = C_1 e^{\alpha t} \text{ 或 } \rho = C_1 e^{\alpha t} \quad (C_1 \text{ 为任意常数}).$$

其次, 对方程组(5.4.10)第一个方程乘 y, 第二个方程乘 x, 然后相减, 得

$$y\frac{dx}{dt} - x\frac{dy}{dt} = \beta(x^2+y^2),$$

或写成

$$d(\arctan\frac{y}{x}) = -\beta dt,$$

于是得

$$\arctan\frac{y}{x} = -\beta t + C_2 \text{ 或 } \theta = -\beta t + C_2 \quad (C_2 \text{ 为任意常数}),$$

消去参数 t, 得到轨线的极坐标方程

$$\rho = C e^{-\frac{\alpha}{\beta}\theta} \quad (C \text{ 为任意常数}). \tag{5.4.11}$$

如 $\alpha \neq 0$, 则它为对数螺线族, 每条螺线都以坐标原点 O 为渐近点. 在奇点附近轨线具有这样的分布, 称奇点为焦点.

由于 $\rho = C_1 e^{\alpha t}$, 所以当 $\alpha < 0$ 时, 随着 t 的无限增大, 相点沿着轨线趋近于坐标原点, 这时, 称原点是稳定焦点 (见图5.16), 而当 $\alpha > 0$ 时, 相点沿着轨线远离原点, 这时, 称原点是不稳定焦点 (见图5.17).

如 $\alpha = 0$, 则轨线方程(5.4.11)为

$$\rho = C \text{ 或 } x^2 + y^2 = C^2 \quad (C \text{ 为任意常数}),$$

它是以坐标原点为中心的圆族. 在奇点附近轨线具有这样的分布, 称奇点为中心. 此时, 由 β 的符号来确定轨线方向. 当 $\beta < 0$ 时, 轨线的方向是逆时针的; 当 $\beta > 0$ 时, 方向是顺时针的 (见图5.18).

综上所述, 方程组

$$\frac{dX}{dt} = AX (\det A \neq 0)$$

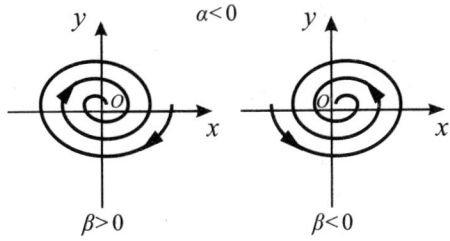

图 5.16　稳定焦点

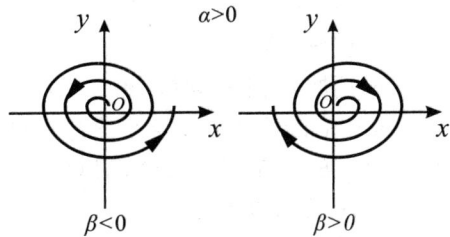

图 5.17　不稳定焦点

经过线性变换 $\tilde{X} = TX$，可化成标准型

$$\frac{d\tilde{X}}{dt} = J\tilde{X},$$

由 A 的特征根的不同情况, 方程组(5.4.3), 即方程组(5.4.4)的奇点可能出现四种类型: 结点、鞍点、焦点、中心.

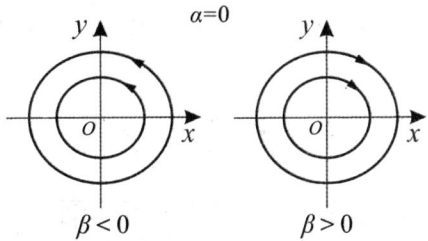

图 5.18　中心

2. 一般的平面线性系统的奇点附近的轨线分布

上面讲了系数矩阵为标准型的系统

$$\frac{d\tilde{X}}{dt} = J\tilde{X}$$

的轨线在奇点 $O(0,0)$ 附近的分布情况, 现在来研究一般的平面线性系统

$$\frac{dX}{dt} = AX (\det A \neq 0)$$

的轨线在奇点 $O(0,0)$ 附近的分布情况.

我们知道, 系统(5.4.1)可以从系统(5.4.3)经逆变换 $\boldsymbol{X} = \boldsymbol{T}^{-1}\tilde{\boldsymbol{X}}$ 而得到, 而且由于 $\boldsymbol{T}$ 是非奇异变换, $\boldsymbol{T}^{-1}$ 也是非奇异变换, 因而这是一个仿射变换, 它具有下述不变性:

(1) 坐标原点不变;

(2) 直线变成直线;

(3) 如果曲线 $(x(t), y(t))$ 在 $t \to +\infty$(或 $t \to -\infty$) 时趋向原点, 变换后的曲线 $(\tilde{x}(t), \tilde{y}(t))$ 在 $t \to +\infty$ (或 $t \to -\infty$) 时也趋向原点;

(4) 如果曲线 $(x(t), y(t))$ 在 $t \to +\infty$(或 $t \to -\infty$) 时盘旋地趋向原点, 变换后的曲线 $(\tilde{x}(t), \tilde{y}(t))$ 在 $t \to +\infty$(或 $t \to -\infty$) 时也盘旋地趋向原点;

(5) 闭曲线 $(x(t), y(t))$ 经过变换后, 所得曲线 $(\tilde{x}(t), \tilde{y}(t))$ 仍为闭曲线.

由此可见, 方程(5.4.3)在各种情况下的轨线, 经过线性变换 $\boldsymbol{T}^{-1}$ 后得到方程组(5.4.2)的轨线, 其结点、鞍点、焦点及中心的轨线分布是不变的. 这就是轨线结构的不变性.

并且, 由于变换后轨线趋向原点的方向不变, 所以结点、焦点的稳定性也不改变.

因为 $\boldsymbol{A}$ 的特征根完全由 $\boldsymbol{A}$ 的系数确定, 所以 $\boldsymbol{A}$ 的系数可以确定出奇点的类型. 因此, 下面来研究 $\boldsymbol{A}$ 的系数与奇点分类的关系.

方程组(5.4.2)的系数矩阵的特征方程为

$$\begin{vmatrix} a_{11} - \lambda & a_{12} \\ a_{21} & a_{22} - \lambda \end{vmatrix} = 0,$$

或

$$\lambda^2 - (a_{11} + a_{22})\lambda + a_{11}a_{22} - a_{12}a_{21} = 0.$$

为了书写方便, 令

$$T = -(a_{11} + a_{22}), D = a_{11}a_{22} - a_{12}a_{21},$$

于是特征方程可写为

$$\lambda^2 + T\lambda + D = 0,$$

特征根为

$$\lambda_{1,2} = \frac{-T \pm \sqrt{T^2 - 4D}}{2}.$$

下面就将特征根分为相异实根、重根及复根三种情况加以研究:

(1) $T^2 - 4D > 0$

(i) $D > 0$:

$$\begin{cases} T < 0, & \text{二根同正}, \\ T > 0, & \text{二根同负}, \end{cases}$$

奇点为结点;

(ii) $D < 0$: 二根异号, 奇点为鞍点;

(2) $T^2 - 4D = 0$

$$\begin{cases} T < 0, & \text{正的重根,} \\ T > 0, & \text{负的重根,} \end{cases}$$

奇点为退化或临界结点;

(3) $T^2 - 4D < 0$

$$\begin{cases} T \neq 0, & \text{复根的实部不为零, 奇点为焦点,} \\ T = 0, & \text{复根的实部为零, 奇点为中心.} \end{cases}$$

综合上面的结论, 由曲线 $T^2 = 4D$, D 轴及 T 轴把 TOD 平面分成几个区域, 不同的区域对应着不同类型的奇点 (见图5.19, $\Delta = T^2 - 4D$).

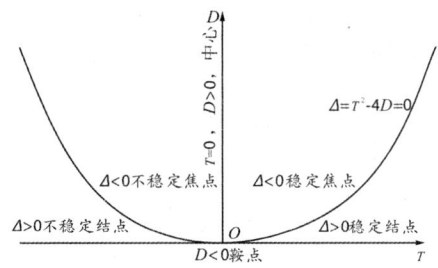

图 5.19 奇点的分类区域

依据以上讨论, 总结如下:

(1) 若(5.4.3)的所有特征根都具有负实部 (负实根或具有负实部的复根), 则此方程的零解是渐近稳定的, 即

$$\lim_{t \to +\infty} x_i(t) = 0 \quad (i = 1, \cdots, n);$$

(2) 若(5.4.3)的特征根中至少有一个根有正实部 (正实根或有正实部的复根), 则方程的零解是不稳定的;

(3) 若(5.4.3)没有带正实部的根, 但有实部为零的单根 (零根或一对纯虚根), 则方程的零解是稳定的, 但不是渐近稳定的;

(4) 若(5.4.3)没有带正实部的根, 但有多重零根或多重纯虚根, 此时若每个重根的代数重数与几何重数相等, 则零解是稳定的; 若至少有一个重根的几何重数小于代数重数, 则零解是不稳定的.

3. 霍尔维茨判据

由于特征根实部的符号在稳定性问题中有关键的作用, 这里列出霍尔维茨 (Hurwitz) 判据, 它给出特征方程的根有负实部的充要条件.

系统零解的稳定性问题可以归结为对特征方程

$$f(\lambda) = a_0\lambda^n + a_1\lambda^{n-1} + \cdots + a_{n-1}\lambda + a_n = 0 \quad (a_0 \neq 0)$$

的根的性质的研究.

$$\Delta_1 = a_1, \Delta_2 = \begin{vmatrix} a_1 & 1 \\ a_3 & a_2 \end{vmatrix}, \Delta_3 = \begin{vmatrix} a_1 & 1 & 0 \\ a_3 & a_2 & a_1 \\ a_5 & a_4 & a_3 \end{vmatrix}, \cdots, \Delta_n = a_n \Delta_{n-1}$$

特征方程所有的根具有负实部, 其充要条件是不等式

$$\Delta_k > 0,$$

当 $k = 1, 2, \cdots, n$ 时成立 (最后的 $\Delta_n > 0$ 可用条件 $a_n > 0$ 代替).

这个论断称为霍尔维茨定理, 条件称为霍尔维茨条件. 可以看出, 所有根具有负实部的必要条件是 $a_i > 0 (i = 1, \cdots, n)$. 若其中一个系数是 0 或负数, 则不用再计算行列式的值.

例 5.4.1 讨论一阶非线性系统

$$\begin{cases} \dfrac{\mathrm{d}x}{\mathrm{d}t} = -2x + y - z + x^2 \mathrm{e}^x, \\[2mm] \dfrac{\mathrm{d}y}{\mathrm{d}t} = x - y + x^3 y + z^2, \\[2mm] \dfrac{\mathrm{d}z}{\mathrm{d}t} = x + y - z - \mathrm{e}^x(y^2 + z^2) \end{cases}$$

的零解的稳定性.

解: 线性系统对应的特征多项式为

$$\begin{vmatrix} -2 - \lambda & 1 & -1 \\ 1 & -1 - \lambda & 0 \\ 1 & 1 & -1 - \lambda \end{vmatrix},$$

特征方程为

$$\lambda^3 + 4\lambda^2 + 5\lambda + 3 = 0.$$

由此得霍尔维茨行列式

$$a_0 = 1, \Delta_1 = a_1 = 4, \Delta_2 = 17, a_3 = 3,$$

特征方程的所有根均有负实部, 故零解为渐近稳定的.

5.4.2 平面非线性自治系统奇点附近的轨线分布

以上是平面线性系统(5.4.1)的轨线在奇点 $O(0,0)$ 附近的分布情况. 下面再根据上面的讨论, 介绍一点研究一般的平面系统(5.3.1) 的轨线在奇点附近的分布的方法.

我们不妨假设原点 $O(0,0)$ 是系统(5.3.1)的奇点，即 $P(0,0) = Q(0,0) = 0$. 这并不失一般性，因为如果 (x_0, y_0) 为系统(5.3.1)的一个奇点，只要做变换

$$x = x_0 + x', y = y_0 + y',$$

就可以把奇点 (x_0, y_0) 移到原点 $(0,0)$.

设系统(5.3.1)的右端函数 $P(x,y), Q(x,y)$ 在奇点 $O(0,0)$ 附近连续可微，并可以将系统(5.3.1)的右端写成

$$\begin{cases} \dfrac{\mathrm{d}x}{\mathrm{d}t} = a_{11}x + a_{12}y + \varphi(x,y), \\ \dfrac{\mathrm{d}y}{\mathrm{d}t} = a_{21}x + a_{22}y + \psi(x,y), \end{cases}$$

其中

$$a_{11} = P'_x(0,0), a_{12} = P'_y(0,0),$$
$$a_{21} = Q'_x(0,0), a_{22} = Q'_y(0,0).$$

我们把平面线性系统

$$\begin{cases} \dfrac{\mathrm{d}x}{\mathrm{d}t} = a_{11}x + a_{12}y, \\ \dfrac{\mathrm{d}y}{\mathrm{d}t} = a_{21}x + a_{22}y \end{cases}$$

称为一般平面自治系统(5.3.1)的一次近似. 在条件

$$\begin{vmatrix} a_{11} & a_{12} \\ a_{21} & a_{22} \end{vmatrix} \neq 0$$

的假设下，称 $(0,0)$ 为系统(5.3.1)的初等奇点，否则称它为高阶奇点. 系统(5.4.1) 的奇点的情况已讨论清楚. 一个常用的手法是将系统(5.3.1)与系统(5.4.1) 进行比较，对"摄动"$\varphi(x,y)$ 及 $\psi(x,y)$ 加上一定的条件，就可以保证对于某些类型的奇点，系统(5.3.1)在 $O(0,0)$ 的邻域内的轨线分布情形与系统(5.4.1)的轨线分布情形相同. 我们只介绍如下的一个常见的结果且不加以证明.

定理 5.4.1 如果在一次近似系统(5.4.1) 中，有

$$\begin{vmatrix} a_{11} & a_{12} \\ a_{21} & a_{22} \end{vmatrix} \neq 0,$$

且 $O(0,0)$ 为其结点（不包括退化结点及临界结点）、鞍点或焦点，又 $\varphi(x,y)$ 与 $\psi(x,y)$ 在 $O(0,0)$ 的邻域连续可微，且满足

$$\lim_{(x^2+y^2) \to 0} \frac{\varphi(x,y)}{\sqrt{x^2+y^2}} = 0, \quad \lim_{(x^2+y^2) \to 0} \frac{\psi(x,y)}{\sqrt{x^2+y^2}} = 0, \tag{5.4.12}$$

则系统(5.3.1)的轨线在 $O(0,0)$ 附近的分布情形与系统(5.4.1)的完全相同.

当 $O(0,0)$ 为系统(5.4.1)的退化结点、临界结点或中心时, 条件(5.4.12)不足以保证系统(5.3.1)在 $O(0,0)$ 的邻域的轨线分布与系统(5.4.1)的轨线分布情形相同, 还必须加强这个条件, 我们不再列举.

5.4.3 极限环的概念

为了说明极限环的概念, 先看看下面的例子.

例 5.4.2 考察方程组

$$\begin{cases} \dfrac{\mathrm{d}x}{\mathrm{d}t} = -y - x(x^2 + y^2 - 1), \\ \dfrac{\mathrm{d}y}{\mathrm{d}t} = x - y(x^2 + y^2 - 1) \end{cases} \tag{5.4.13}$$

的轨线分布.

解: 将方程组(5.4.13)的第一个方程两端乘 x, 第二个方程两端乘 y, 然后相加得到

$$x\frac{\mathrm{d}x}{\mathrm{d}t} + y\frac{\mathrm{d}y}{\mathrm{d}t} = -(x^2 + y^2)(x^2 + y^2 - 1). \tag{5.4.14}$$

做极坐标变换

$$x = r\cos\theta, y = r\sin\theta,$$

由 $x^2 + y^2 = r^2$, 对其微分, 则得

$$r\frac{\mathrm{d}r}{\mathrm{d}t} = x\frac{\mathrm{d}x}{\mathrm{d}t} + y\frac{\mathrm{d}y}{\mathrm{d}t},$$

所以式(5.4.14)可写成

$$r\frac{\mathrm{d}r}{\mathrm{d}t} = -r^2(r^2 - 1),$$

或

$$\frac{\mathrm{d}r}{\mathrm{d}t} = -r(r^2 - 1).$$

其次, 将方程组(5.4.13)的第一个方程乘 y, 第二个方程乘 x, 然后相减, 得

$$y\frac{\mathrm{d}x}{\mathrm{d}t} - x\frac{\mathrm{d}y}{\mathrm{d}t} = -(x^2 + y^2).$$

由 $\theta = \arctan\dfrac{y}{x}$, 对其微分, 可知

$$\frac{\mathrm{d}\theta}{\mathrm{d}t} = 1,$$

于是原方程组(5.4.13)经变换后化为

$$\begin{cases} \dfrac{\mathrm{d}r}{\mathrm{d}t} = -r(r^2-1), \\ \dfrac{\mathrm{d}\theta}{\mathrm{d}t} = 1. \end{cases} \quad (5.4.15)$$

积分所得方程组(5.4.15). 易于看出, 方程组(5.4.15)有两个特解:

$$r = 0, \ r = 1,$$

其中 $r=0$ 对应方程组(5.4.15)的奇点, 而 $r=1$ 对应方程组(5.4.13)的一个周期解, 它所对应的闭轨线是以原点为中心, 以 1 为半径的圆.

进一步求方程组的通解, 得

$$\begin{cases} \dfrac{r^2}{1-r^2} = A\mathrm{e}^{2t}, \\ \theta - \theta_0 = t, \end{cases}$$

其中 $A = \dfrac{r_0^2}{1-r_0^2}$. 于是方程组(5.4.13)的轨线分布如图5.20所示.

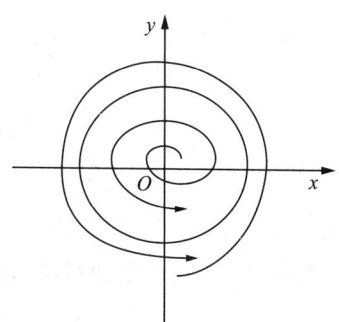

图 5.20 (5.4.13)的轨线分布图

从方程组(5.4.13)的相图上可看出, 轨线分布是这样的:

(1) $(0,0)$ 为奇点, $x^2 + y^2 = 1$ 为一闭轨线;

(2) 闭轨线 $x^2 + y^2 = 1$ 的内部和外部的轨线, 当 $t \to +\infty$ 时分别盘旋地趋近于该闭轨线.

定义 5.4.1 设系统(5.3.1)有闭轨线 C. 假如在 C 充分小的邻域中, 除 C 之外, 轨线全不是闭轨线, 且这些非闭轨线当 $t \to +\infty$ 或 $t \to -\infty$ 时趋近于闭轨线 C, 则说明闭轨线 C 是孤立的, 并称之为系统(5.3.1)的一个极限环.

极限环 C 将相平面分成两个区域: 内域和外域.

定义 5.4.2 如果极限环 C 的内域中靠近 C 的轨线当 $t \to +\infty$(或 $-\infty$) 时盘旋地趋近于 C, 则称 C 是内稳定的 (或内不稳定的); 如果在极限环 C 的外域中靠近 C 的轨线当 $t \to +\infty$(或 $-\infty$) 时盘旋地趋近于 C, 则称 C 是外稳定的 (或外不稳定的); 如果当 $t \to +\infty$(或 $-\infty$) 时, C 的内部及外部靠近 C 的轨线都盘旋地趋近于 C, 则称 C 是稳定的 (或不稳定的), 如果当 $t \to +\infty$(或 $-\infty$) 时, C 的内外部的稳定性相反, 则称 C 为半稳定的.

易于看出, 例5.4.2中的轨线 $x^2 + y^2 = 1$ 是稳定的极限环.

5.4.4 极限环的存在性和不存在性

稳定的极限环表示了运动的一种稳定的周期态, 它在非线性振动问题中有重要意义. 一般说来, 一个系统的极限环并不容易算出来. 关于判断极限环存在性的方法, 我们只叙述下面的有关定理, 其证明可参阅专著.

定理 5.4.2 设区域 D 是由两条简单闭曲线 L_1 和 L_2 所围成的环域, 并且在 $\bar{D} = L_1 \bigcup D \bigcup L_2$ 上系统(5.3.1)无奇点; 从 L_1 和 L_2 上出发的轨线都不能离开 (或都不能进入) 环域 D. 设 L_1 和 L_2 均不是闭轨线, 则系统(5.3.1)在 D 内至少存在一条闭轨线 Γ, 它与 L_1 和 L_2 的相对位置如图 5.21 所示, 即 Γ 在 D 内不能收缩到一点.

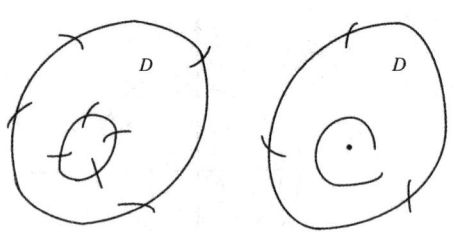

图 5.21 简单闭曲线围成区域

如果把系统(5.3.1)看成一平面流体的运动方程, 那么上述环域定理表明: 如果流体从环域 D 的边界流入 D, 而在 D 内又没有渊和源, 那么流体在 D 内有环流存在. 这在力学意义上是比较容易想象的.

习惯上, 把 L_1 和 L_2 分别称作 Poincare-Bendixson 环域的内、外境界线.

关于平面系统(5.3.1)不存在极限环的判定准则常用下面的定理.

定理 5.4.3 (Bendixson 判断准则) 设在单连通区域 G 内, 系统(5.3.1)的向量场 (P, Q) 有连续偏导数. 若该向量场的散度

$$\mathrm{div}(P, Q) = \frac{\partial P}{\partial x} + \frac{\partial Q}{\partial y}$$

保持常号, 且不在 G 的任何子域内恒等于零, 则系统(5.3.1)在 G 内无闭轨.

定理 5.4.4 (Dulac 判断准则) 设在单连通区域 G 内,系统(5.3.1)的向量场 (P,Q) 有连续偏导数,并存在连续可微函数 $B(x,y)$,使得

$$\frac{\partial(BP)}{\partial x} + \frac{\partial(BQ)}{\partial y}$$

保持常号,且不在 G 内任何子区域内恒为零,则系统(5.3.1)在内无闭轨.

例 5.4.3 讨论系统

$$\begin{cases} \dfrac{\mathrm{d}x}{\mathrm{d}t} = y, \\ \dfrac{\mathrm{d}y}{\mathrm{d}t} = -x - y - x^2 - y^2 \end{cases} \tag{5.4.16}$$

的全局结构.

解: (1) 奇点

系统(5.4.16)有两个奇点 $O(0,0)$ 和 $E(-1,0)$.

对于奇点 $O(0,0)$,其线性近似方程的系数阵是

$$\begin{vmatrix} P'_x & P'_y \\ Q'_x & Q'_y \end{vmatrix}_{(0,0)} = \begin{vmatrix} 0 & 1 \\ -1 & -1 \end{vmatrix},$$

它的特征根是 $\lambda_{1,2} = \dfrac{1}{2}(-1 \pm \sqrt{3}\mathrm{i})$,显然是稳定焦点.

对于奇点 $E(-1,0)$,其线性近似方程的系数阵是

$$\begin{vmatrix} P'_x & P'_y \\ Q'_x & Q'_y \end{vmatrix}_{(-1,0)} = \begin{vmatrix} 0 & 1 \\ 1 & -1 \end{vmatrix},$$

它的特征根是 $\lambda_{1,2} = \dfrac{1}{2}(-1 \pm \sqrt{5})$,显然 $E(-1,0)$ 是鞍点.

(2) 闭轨线

取函数 $B(x,y) = \mathrm{e}^{2x}$,有

$$\frac{\partial(BP)}{\partial x} + \frac{\partial(BQ)}{\partial y} = -\mathrm{e}^{2x},$$

由定理5.4.4可见系统 (5.4.16) 在 xOy 平面上无闭轨.

在 1900 年巴黎国际数学家代表大会上,希尔伯特发表了题为《数学问题》的著名演讲,其中第 16 个问题的后半部分要求讨论 $\dfrac{\mathrm{d}x}{\mathrm{d}y} = \dfrac{Y}{X}$ 的极限环的最多个数 $N(n)$ 和相对位置,其中 X,Y 是 x,y 的 n 次多项式. 对 $n = 2$(二次系统) 的情况,1934 年福罗献尔得到 $N(2) \geqslant 1$; 1952 年鲍廷得到 $N(2) \geqslant 3$;1955 年苏联的波德洛夫斯基宣布 $N(2) \leqslant 3$,这个曾震动一时的结果,由于其中的若干引理被否定而成疑问. 关于相对位置,中国数学家董金柱、叶彦谦于 1957 年证明了 $N(2)$ 不超过两串. 1957 年,中国数学家秦元勋和蒲

富金具体给出了 $n=2$ 的方程具有至少 3 个成串极限环的实例. 1978 年, 中国的史松龄在秦元勋、华罗庚的指导下, 与王明淑分别列举出至少有 4 个极限环的具体例子. 1983 年, 秦元勋进一步证明了二次系统最多有 4 个极限环, 并且是 (1,3) 结构, 从而最终解决了二次微分方程的解的结构问题, 并为研究希尔伯特第 16 问题提供了新的途径.

习题

1. 试求下列线性方程组的奇点, 并通过变换将奇点变为原点, 进一步判断奇点的类型及稳定性.

$$(1) \begin{cases} \dfrac{\mathrm{d}x}{\mathrm{d}t} = -x - y + 1, \\ \dfrac{\mathrm{d}y}{\mathrm{d}t} = x - y - 5; \end{cases}$$

$$(2) \begin{cases} \dfrac{\mathrm{d}x}{\mathrm{d}t} = 2x - 7y + 19, \\ \dfrac{\mathrm{d}y}{\mathrm{d}t} = x - 2y + 5. \end{cases}$$

2. 确定方程组

$$\begin{cases} \dfrac{\mathrm{d}x}{\mathrm{d}t} = -y + x(x^2 + y^2 - 1), \\ \dfrac{\mathrm{d}y}{\mathrm{d}t} = x + y(x^2 + y^2 - 1) \end{cases}$$

的极限环及其稳定性.

3. 讨论自治系统

$$\begin{cases} \dfrac{\mathrm{d}x}{\mathrm{d}t} = x + y - x(x^2 + y^2), \\ \dfrac{\mathrm{d}y}{\mathrm{d}t} = -x + y - y(x^2 + y^2) \end{cases}$$

的极限环及其稳定性.

第六章　偏微分方程

偏微分方程的研究已有近 300 年的历史. 偏微分方程源于力学、几何、物理学等理论学科和工程技术问题, 近年来, 在生命科学、经济科学中也出现了大量的偏微分方程问题. 作为数学学科最活跃的分支之一, 偏微分方程问题一直受到广泛的关注和重视. 但由于其复杂性和困难性, 至今仍缺少全面的、一般的理论系统. 在 20 世纪 30 年代之前, 对偏微分方程的研究所采用的方法基本上属于经典分析, 人们在此基础上建立了偏微分方程的经典理论. 在 20 世纪 30 年代到 50 年代, 受希尔伯特 (Hilbert) 工作的影响, 索伯列夫 (Sobolev)、彼得罗夫斯基 (Petrovsky) 和施瓦茨 (Schwartz) 先后开始应用泛函分析方法研究偏微分方程, 建立了索伯列夫空间和广义函数理论, 由此有了偏微分方程的近代理论. 自 20 世纪 60 年代以来, 对偏微分方程的研究进一步广泛应用了泛函分析及其他数学分支 (如几何、拓扑和代数) 的新概念和方法, 建立了拟微分算子、傅里叶 (Fourier) 积分算子和马斯洛夫 (Maslov) 算子理论, 总称为微局部分析理论. 自 20 世纪 80 年代起, 这些现代方法又广泛应用于非线性偏微分方程的研究, 于是有了非线性微局部分析、几何测度论、黏性解和无穷维动力系统等一系列现代理论, 从而大大促进了偏微分方程理论的蓬勃发展. 本章主要简单介绍偏微分方程的基本概念和简单解法.

本章要关注的问题

- 什么是偏微分方程?

- 偏微分方程的解是怎样的?

6.1　偏微分方程的基本概念

6.1.1　一般概念

所谓偏微分方程, 就是联系着多个自变量、未知函数和它的某些偏微商的关系式. 若关系式不止一个, 就称为偏微分方程组. 偏微分方程所包含的最高阶导数的阶称为该方程的阶数. 例如

$$a(x,y)\frac{\partial u}{\partial x} + b(x,y)\frac{\partial u}{\partial y} + c(x,y)u = f(x,y); \tag{6.1.1}$$

$$\Delta u = \frac{\partial^2 u}{\partial x_1^2} + \frac{\partial^2 u}{\partial x_2^2} + \cdots + \frac{\partial^2 u}{\partial x_n^2} = 0; \tag{6.1.2}$$

$$(1+u_y^2)u_{xx} - 2u_x u_y u_{xy} + (1+u_x^2)u_{yy} = 0; \tag{6.1.3}$$

$$\begin{cases} \dfrac{\partial u}{\partial t} - \dfrac{\partial v}{\partial x} = 0, \\ \dfrac{\partial v}{\partial t} + a(u)\dfrac{\partial u}{\partial x} = 0. \end{cases} \tag{6.1.4}$$

其中式(6.1.1)是一阶偏微分方程, 式(6.1.2)和式(6.1.3) 是二阶偏微分方程, 而式(6.1.4)是一阶偏微分方程组.

若偏微分方程 (组) 关于未知函数及偏导数都是一次式, 则这个偏微分方程 (组) 为线性的, 否则称为非线性的. 在非线性偏微分方程 (组) 中, 若对未知函数的最高阶导数来说是线性的, 则称之为拟线性偏微分方程 (组), 否则称之为完全非线性偏微分方程 (组). 如方程(6.1.1)和方程(6.1.2)是线性的, 而方程(6.1.3)和方程组(6.1.4)是拟线性的.

若线性偏微分方程 (组) 中有某项既不含未知函数又不含其偏导数, 则称该方程 (组) 为非齐次的, 否则称为齐次的. 这里称函数 u(在方程组的情形下是一组函数) 为偏微分方程的解 (或积分), 若在指定的区域内 u 是连续的, 且具有方程中所出现的一切偏导数, 并对区域内所有点都一致地满足方程. 线性方程 (组) 最重要的性质是叠加原理成立, 即若 u_1, u_2 是某齐次线性方程 (组) 的解, 则对任意的常数 λ_1 和 λ_2, $\lambda_1 u_1 + \lambda_2 u_2$ 也是该方程的解.

α 阶偏微分方程的一般形式为

$$F\left(x_1, x_2, \cdots, x_n; u, \dfrac{\partial u}{\partial x_1}, \cdots, \dfrac{\partial u}{\partial x_n}, \cdots, \dfrac{\partial^\alpha u}{\partial x_1^{\alpha_1} \partial x_2^{\alpha_2} \cdots \partial x_n^{\alpha_n}}\right) = 0, \tag{6.1.5}$$

其中 $\alpha = \sum_{i=1}^n \alpha_i, 0 \leqslant \alpha_i \leqslant \alpha, x_1, x_2, \cdots, x_n$ 是自变量, u 是关于 $x_1, x_2, \cdots, x_n$ 的未知函数. 若在空间 $\mathbf{R}^n$ 的某个区域 Ω 上讨论问题, $\mathbf{R}^n$ 的坐标为 $x_1, x_2, \cdots, x_n$, 则简记 $(x_1, x_2, \cdots, x_n)$ 为 $\boldsymbol{x}$. 记 $\dfrac{\partial u}{\partial x_i}$ 为 $\partial_i u$ 或 p_i, 记 $(p_1, p_2, \cdots, p_n)$ 为 $\boldsymbol{p}$. 若引进多重指标记号 $\boldsymbol{\alpha} = (\alpha_1, \alpha_2, \cdots, \alpha_n)$, 则记 $|\boldsymbol{\alpha}| = \sum_{i=1}^n \alpha_i$, 记 $\dfrac{\partial^{\alpha_1+\alpha_2+\cdots+\alpha_n}}{\partial x_1^{\alpha_1} \partial x_2^{\alpha_2} \cdots \partial x_n^{\alpha_n}} u$ 为 $\partial^\alpha u$. 故式 (6.1.5)可以简记为

$$F(\boldsymbol{x}; u; \boldsymbol{p}, \cdots, \partial^\alpha u) = 0.$$

利用简化了的记号可将一般偏微分方程组写成

$$F_i(x; u_1, u_2, \cdots, u_m, \cdots, \partial^{\alpha(i,j)} u_j, \cdots) = 0 \, (i = 1, 2, \cdots, n), \tag{6.1.6}$$

这是包含 n 个方程的方程组, 其中含有 n 个未知函数, 各个方程中对 u_j 的最高阶导数 $\alpha(i,j)$ 依赖于 i 和 j. 当 $n > m$ 时称式 (6.1.6)为超定方程组, 当 $n < m$ 时称式 (6.1.6)为欠定方程组, 当 $n = m$ 时为确定方程组.

6.1.2 偏微分方程的解

对于一个 n 阶常微分方程, 它的解 (除去可能的一些 "奇异解") 依赖于 n 个任意常数. 然而对偏微分方程而言, 其求解的情形要复杂得多, 比如一个偏微分方程的解可能有很多, 与常微分方程的解依赖于若干个任意常数相比, 它的自由度往往会更大.

例 6.1.1

对于 $u_{xy} = f(x, y)$,

它的解可以写成

$$u(x, y) = \int_{x_0}^{x} \int_{y_0}^{y} f(\varepsilon, \eta) \mathrm{d}\varepsilon \mathrm{d}\eta + \omega(x) + \nu(y),$$

其中 $\omega(x), \nu(y)$ 为两个任意连续可微函数.

例 6.1.2

$$x_1 \frac{\partial u}{\partial x_1} + x_2 \frac{\partial u}{\partial x_2} + \cdots + x_n \frac{\partial u}{\partial x_n} = \alpha u, \tag{6.1.7}$$

方程 (6.1.7) 实际上是 α 阶齐次函数所满足的欧拉 (Euler) 关系式. 事实上对任一 α 阶齐次函数 $u(x_1, x_2, \cdots, x_n)$, 满足

$$u(tx_1, tx_2, \cdots, tx_n) = t^\alpha u(x_1, x_2, \cdots, x_n), \tag{6.1.8}$$

将它关于 t 求导并令 $t = 1$ 即可得到 u 满足方程 (6.1.7). 若在式 (6.1.8) 中取 $t = \dfrac{1}{x_n}$, 则

$$u(x_1, x_2, \cdots, x_n) = x_n^\alpha u\left(\frac{x_1}{x_n}, \frac{x_2}{x_n}, \cdots, \frac{x_{n-1}}{x_n}, 1\right).$$

于是 u 可以用一个依赖于 $n-1$ 个变元的函数 $\varphi(\varepsilon_1, \varepsilon_2, \cdots, \varepsilon_{n-1})$ 写成如下形式:

$$u = x_n^\alpha \varphi\left(\frac{x_1}{x_n}, \frac{x_2}{x_n}, \cdots, \frac{x_{n-1}}{x_n}\right),$$

这表明方程 (6.1.7) 的解可以自由到依赖于一个含 $n-1$ 个变元的函数.

在对偏微分方程的研究中, 人们一般感兴趣的是它的解, 比如讨论其解的性质、结构及求解的方法等. 但求解偏微分方程往往是相当复杂的, 与常微分方程相比它的解很难用通解形式表示出来, 即使对于线性方程也是如此. 所以对偏微分方程的求解往往更多的是研究其在一些特定条件下的解, 并称这些用来帮助解决特解问题的条件为**定解条件**.

在求解常微分方程的特解时所需的定解条件常常是在给定的区间 (有限或无限) 的两端 (边界点) 对未知函数的值或者其他性质加以某种限制. 而对偏微分方程求解时, 由于自变量在高维空间中变化, 其变化区域及区域的边界将会相当复杂, 因此在区域的边界给出定解条件也会有更多的形式, 一般称给定在区域的边界上的定解条件为**边界条**

件. 在某些情况下, 出现在方程中的某个自变量可以赋予"时间"的意义, 例如前面提到的方程 (6.1.4)中用 t 表示时间, 而在 $t = t_0$ 超平面上给出的边界条件称之为**初值条件**.

常微分方程同偏微分方程在解的存在性方面也有相当大的差别. 常微分方程有解的存在性定理, 即在相当一般 (如要求连续性等) 的条件下可以证明其解是局部存在的. 而对偏微分方程, 虽然许多常见的偏微分方程在不考虑定解条件时, 解有很大的自由度, 但也有许多条件非常好的偏微分方程, 其解哪怕是在非常小的局部范围内也是不存在的. 第一个无解方程的例子是汉斯·卢伊 (Hans Lewy) 在 1957 年给定的 (这个例子曾被称为 20 世纪 50 年代偏微分方程的三大里程碑之一, 它的产生使人们认识到偏微分方程的研究同常微分方程相比有本质性的不同), 他所构造的方程是一个具多项式系数且条件非常好的一阶线性偏微分方程, 即

$$\frac{1}{2}\left(\frac{\partial u}{\partial x} + \mathrm{i}\frac{\partial u}{\partial y}\right) + \mathrm{i}(x + \mathrm{i}y)\frac{\partial u}{\partial t} = f(x, y, t), \tag{6.1.9}$$

其中 f 为某个在 $\mathbf{R}^3$ 原点附近无穷次可微的光滑函数. 卢伊证明了方程 (6.1.9)在原点的邻域内不存在解 u.

因此, 人们对偏微分方程的研究方法与常微分方程相比有很大的不同, 从而形成了两个独立的数学分支. 然而尽管有这些差别, 常微分方程中的理论和方法对偏微分方程的研究而言是相当重要的.

6.2 一阶偏微分方程

6.2.1 完全积分、一般积分和奇异积分

一阶偏微分方程的一般形式为

$$F\left(x_1, x_2, \cdots, x_n; u, \frac{\partial u}{\partial x_1}, \frac{\partial u}{\partial x_2}, \cdots, \frac{\partial u}{\partial x_n}\right) = 0, \tag{6.2.1}$$

其中 $x_1, x_2, \cdots, x_n$ 是自变量, u 是关于 $x_1, x_2, \cdots, x_n$ 的未知函数. 若方程(6.2.1)的解包含 n 个函数, 则这种解称为**一般积分 (通解)**; 如果包含 n 个独立的常数, 则称这样的解为**完全积分 (完全解)**; 若 $G(x_1, x_2, \cdots, x_n; u; C_1, C_2, \cdots, C_n) = 0$ 为方程(6.2.1)的完全积分, 从 $G = 0, \frac{\partial G}{\partial C_i} = 0 (1 \leqslant i \leqslant n)$ 中消去 C_i, 若可得到一个解, 则称之为方程的**奇异解 (奇异积分)**. 可以证明, 一阶偏微分方程(6.2.1)的任何解均包含在一般积分、完全积分, 或奇异积分内.

对一阶偏微分方程 (6.2.1), 假定 F 对所有变量均有连续的一阶偏导数, 则称

$$\begin{cases} \dfrac{\mathrm{d}x_i}{\mathrm{d}t} = \dfrac{\partial F}{\partial p_i}, \\ \dfrac{\mathrm{d}u}{\mathrm{d}t} = \sum_{i=1}^{n} p_i \dfrac{\partial F}{\partial p_i}, \\ \dfrac{\mathrm{d}p_i}{\mathrm{d}t} = -\left(\dfrac{\partial F}{\partial x_i} + p_i \dfrac{\partial F}{\partial u}\right), \\ p_i = \dfrac{\partial u}{\partial x_i}, \end{cases}$$

其中 $i = 1, 2, \cdots, n$, 为非线性偏微分方程(6.2.1)的特征方程组. 此特征方程组还可以写成如下等价的形式,

$$\frac{\mathrm{d}x_1}{\dfrac{\partial F}{\partial p_1}} = \cdots = \frac{\mathrm{d}x_n}{\dfrac{\partial F}{\partial p_n}} = \frac{\mathrm{d}u}{\sum_{i=1}^{n} p_i \dfrac{\partial F}{\partial p_i}} = \frac{-\mathrm{d}p_1}{\dfrac{\partial F}{\partial x_1} + p_1 \dfrac{\partial F}{\partial u}} = \cdots = \frac{-\mathrm{d}p_n}{\dfrac{\partial F}{\partial x_n} + p_n \dfrac{\partial F}{\partial u}}.$$

设特征方程组的解为

$$\begin{cases} x_i = x_i(t), \\ u = u(t), \quad 1 \leqslant i \leqslant n, \\ p_i = p_i(t), \end{cases}$$

并称它为非线性偏微分方程(6.2.1)的**特征带**. 在 $x_1, x_2, \cdots, x_n, u$ 空间的曲线, 上面方程组中第一个和第二个方程称为非线性偏微分方程(6.2.1)的**特征曲线**.

如果函数 $Z(x_1, x_2, \cdots, x_n; u; p_1, p_2, \cdots, p_n)$ 在特征方程组的任一解 $x_i = x_i(t), u = u(t), p_i = p_i(t)(i = 1, 2, \cdots, n)$ 上等于常数, 即

$$Z(x_1(t), x_2(t), \cdots, x_n(t); u(t); p_1(t), p_2(t), \cdots, p_n(t)) = C,$$

则函数 $Z(x_1, x_2, \cdots, x_n; u; p_1, p_2, \cdots, p_n)$ 称为特征方程组的**首次积分**.

例 6.2.1 求解一阶齐次线性偏微分方程

$$x_1 \frac{\partial u}{\partial x_1} + x_2 \frac{\partial u}{\partial x_2} + \cdots + x_n \frac{\partial u}{\partial x_n} = 0. \tag{6.2.2}$$

解：方程(6.2.2)对应的特征方程组为

$$\begin{cases} \dfrac{\mathrm{d}x_2}{\mathrm{d}x_1} = \dfrac{x_2}{x_1}, \\ \dfrac{\mathrm{d}x_3}{\mathrm{d}x_1} = \dfrac{x_3}{x_1}, \\ \quad \cdots \\ \dfrac{\mathrm{d}x_n}{\mathrm{d}x_1} = \dfrac{x_n}{x_1}, \end{cases} \tag{6.2.3}$$

或写成对称的形式

$$\frac{\mathrm{d}x_1}{x_1} = \frac{\mathrm{d}x_2}{x_2} = \cdots = \frac{\mathrm{d}x_n}{x_n}.$$

由上式可以求出式(6.2.3)的 $n-1$ 个互相独立的首次积分:

$$\frac{x_2}{x_1} = C_1, \frac{x_3}{x_1} = C_2, \cdots, \frac{x_n}{x_1} = C_{n-1},$$

并且这些首次积分均为方程(6.2.2)的解. 由偏微分方程知识可知, 方程(6.2.2)的全部的解可以写成

$$u = \Phi\left(\frac{x_2}{x_1}, \frac{x_3}{x_1}, \cdots, \frac{x_n}{x_1}\right), \tag{6.2.4}$$

这里 Φ 是其变元的任意可微函数.

由表达式(6.2.4)可知, 方程(6.2.2)的任意解均是零次齐次函数, 实际上方程(6.2.2)正是零次齐次函数所满足的欧拉方程.

例 6.2.2 考虑方程 $\dfrac{\partial u}{\partial y} = f\left(\dfrac{\partial u}{\partial x}\right), (x,y) \in \mathbf{R}^2$.

解: 方程的完全积分为

$$u = ax + f(a)y + b,$$

其中 a, b 为任意常数, 这个方程代表一个平面, 其一般积分 (通解) 可由下面的方程组

$$u = ax + f(a)y + \varphi(a), \quad 0 = x + f'(a)y + \varphi'(a)$$

给出. 这是一个可展曲面, 其几何意义为: 从空间固定一点 (如原点) 作出平行于形成完全积分的平面, 这些平面仅依赖于参数 a, 因此包络成一个顶点在原点的锥面. 由此可见这个曲面的母线平行于完全积分所代表平面的母线.

若在其完全积分两端对 b 求导, 会得到 $0 = 1$ 的矛盾方程, 这表明此例中没有奇异积分.

6.2.2 几类特殊的一阶偏微分方程

1. 不显含变量 x, y, z，而只出现 $\dfrac{\partial z}{\partial x}$ 和 $\dfrac{\partial z}{\partial y}$ 的情形

这种方程的形式为
$$f\left(\dfrac{\partial z}{\partial x}, \dfrac{\partial z}{\partial y}\right) = 0,$$

其完全积分为 $z = ax + ky + b$，其中 a, k, b 均为常量，且 $f(a, k) = 0$.

例 6.2.3 解一阶非线性偏微分方程
$$\dfrac{\partial z}{\partial x}\dfrac{\partial z}{\partial y} = 1.$$

解：由已给的偏微分方程可知 $ak = 1, k = \dfrac{1}{a}$，故此偏微分方程的完全积分为
$$z = ax + \dfrac{y}{a} + b.$$

2. 只显含一个变量的情形

(1) $F\left(x, \dfrac{\partial z}{\partial x}, \dfrac{\partial z}{\partial y}\right) = 0$ (或 $F\left(y, \dfrac{\partial z}{\partial x}, \dfrac{\partial z}{\partial y}\right) = 0$) 型

对于 $F\left(x, \dfrac{\partial z}{\partial x}, \dfrac{\partial z}{\partial y}\right) = 0$，可设 $\dfrac{\partial z}{\partial y} = a$ (a 为常量)，然后从 $F\left(x, \dfrac{\partial z}{\partial y}, a\right) = 0$ 中解出 $\dfrac{\partial z}{\partial x}$，即 $\dfrac{\partial z}{\partial x} = \varphi(x, a)$. 再把 $\dfrac{\partial z}{\partial x}, \dfrac{\partial z}{\partial y}$ 的值代入

$$\mathrm{d}z = \dfrac{\partial z}{\partial x}\mathrm{d}x + \dfrac{\partial z}{\partial y}\mathrm{d}y,$$

得
$$\mathrm{d}z = \varphi(x, a)\mathrm{d}x + a\mathrm{d}y,$$

积分后可得完全积分
$$z = \int \varphi(x, a)\mathrm{d}x + ay + b.$$

用同样的方法可求解 $F\left(y, \dfrac{\partial z}{\partial x}, \dfrac{\partial z}{\partial y}\right)$ 型的方程.

例 6.2.4 求解 $\dfrac{\partial z}{\partial x} = 2x\dfrac{\partial z}{\partial y}$.

解：设 $\dfrac{\partial z}{\partial y} = a$，从给定的方程中解得 $\dfrac{\partial z}{\partial x} = 2ax$，故
$$\mathrm{d}z = \dfrac{\partial z}{\partial x}\mathrm{d}x + \dfrac{\partial z}{\partial y}\mathrm{d}y = 2ax\mathrm{d}x + a\mathrm{d}y,$$

积分后得完全积分为
$$z = ax^2 + ay + b.$$

例 6.2.5 求解 $\dfrac{\partial z}{\partial y} = 2y\left(\dfrac{\partial z}{\partial x}\right)^2$.

解：设 $\dfrac{\partial z}{\partial x} = a$, 从给定的方程中解得 $\dfrac{\partial z}{\partial y} = 2a^2 y$, 则

$$dz = \frac{\partial z}{\partial x}dx + \frac{\partial z}{\partial y}dy = a\,dx + 2a^2 y\,dy,$$

积分后得完全积分为

$$z = ax + a^2 y^2 + b.$$

(2) $F\left(z, \dfrac{\partial z}{\partial x}, \dfrac{\partial z}{\partial y}\right) = 0$ 型

此时可设 $\dfrac{\partial z}{\partial y} = a\dfrac{\partial z}{\partial x}$, 代入方程 $F\left(z, \dfrac{\partial z}{\partial x}, \dfrac{\partial z}{\partial y}\right) = 0$ 中, 解出 $\dfrac{\partial z}{\partial x} = \varphi(z, a)$, 由此可得

$$dz = \varphi(z, a)(dx + a\,dy),$$

积分后得完全积分为

$$x + ay = \int \frac{dz}{\varphi(z, a)} + b.$$

例 6.2.6 求解 $9\left[\left(\dfrac{\partial z}{\partial x}\right)^2 z + \left(\dfrac{\partial z}{\partial y}\right)^2\right] = 4.$

解：设 $\dfrac{\partial z}{\partial y} = a\dfrac{\partial z}{\partial x}$, 从给定的方程中解得 $\dfrac{\partial z}{\partial x} = \dfrac{\pm 2}{3\sqrt{z + a^2}}$, 故而

$$dz = \frac{\pm 2}{3\sqrt{z + a^2}}(dx + a\,dy),$$

两边积分后可得完全积分

$$x + ay = \pm(z + a^2)^{\frac{3}{2}} + b$$

或

$$(x + ay - b)^2 = (z + a^2)^3.$$

3. 形如 $f\left(x, \dfrac{\partial z}{\partial x}\right) = h\left(y, \dfrac{\partial z}{\partial y}\right)$ 的特殊方程

这时可设方程两边均等于一个任意常数 a, 再解出新方程中的 $\dfrac{\partial z}{\partial x}$ 和 $\dfrac{\partial z}{\partial y}$, 即

$$\frac{\partial z}{\partial x} = \varphi(x, a), \quad \frac{\partial z}{\partial y} = \psi(y, a).$$

由此可得 $dz = \varphi(x, a)dx + \psi(y, a)dy$, 积分后可得完全积分为

$$z = \int \varphi(x, a)dx + \int \psi(y, a)dy + b.$$

例 6.2.7 求解 $\dfrac{\partial z}{\partial x} y + \dfrac{\partial z}{\partial y} x = \dfrac{\partial z}{\partial x}\dfrac{\partial z}{\partial y}$.

解：原方程可变形为

$$\frac{\dfrac{\partial z}{\partial x} - x}{x} = \frac{y}{\dfrac{\partial z}{\partial y} - y},$$

令两边都等于 a, 有

$$\frac{\partial z}{\partial x} = x(a+1), \qquad \frac{\partial z}{\partial y} = \frac{(a+1)}{a} y.$$

从而 $\mathrm{d}z = (a+1)\left(x\mathrm{d}x + \dfrac{y}{a}\mathrm{d}y\right)$. 两边积分后可得完全积分为

$$z = (a+1)\left(\frac{x^2}{2} + \frac{y^2}{2a}\right) + b.$$

4. 克莱洛方程

$$z = x\frac{\partial z}{\partial x} + y\frac{\partial z}{\partial y} + f\left(\frac{\partial z}{\partial x}, \frac{\partial z}{\partial y}\right),$$

其完全积分为

$$z = ax + by + f(a,b).$$

5. 型如 $\varphi\left(x, \dfrac{\partial z}{\partial x}\right) = \psi\left(y, \dfrac{\partial z}{\partial y}\right) + z$ **的特殊方程**

这时可用分离变量法求它的完全积分. 令

$$z = f(x) + g(y).$$

代入原方程可得

$$\varphi(x, f'(x)) - f(x) = \psi(y, g'(y)) + g(y).$$

这就把变量 x 和 y 分离了. 上式左边仅是 x 的函数, 而右边只依赖于 y, 因而得到

$$\varphi(x, f'(x)) - f(x) = \psi(y, g'(y)) + g(y) = C,$$

其中 C 为任意常数. 从常微分方程

$$\begin{cases} \varphi(x, f'(x)) - f(x) = C, \\ \psi(y, g'(y)) + g(y) = C \end{cases}$$

分别解出 $f(x)$ 和 $g(y)$, 再由 $z = f(x) + g(y)$ 可以得到原方程的完全积分.

例 6.2.8 求解 $x\dfrac{\partial z}{\partial x} + y\dfrac{\partial z}{\partial y} = mz$.

解：设 $z = f(x) + g(y)$，代入原方程可得

$$xf'(x) - mf(x) = -yg'(y) + mg(y).$$

故解 $xf'(x) - mf(x) = C$ 和 $-yg'(y) + mg(y) = C$，可得

$$f(x) = ax^m - \frac{C}{m}, g(y) = by^m + \frac{C}{m} \quad (C \text{ 为任意常数}).$$

所得 $z = ax^m + by^m$ 为原方程的完全积分.

6.2.3 一阶拟线性偏微分方程

含有两个自变量的一阶拟线性偏微分方程是

$$a(x,y,z)\frac{\partial z}{\partial x} + b(x,y,z)\frac{\partial z}{\partial y} = c(x,y,z). \tag{6.2.5}$$

设函数 $a(x,y,z), b(x,y,z)$ 和 $c(x,y,z)$ 在三维空间的某个区域 G 内有连续的一阶偏导数，且 a 和 b 在 G 内部不同时为零.

方程(6.2.5)的几何意义：以区域 G 中的每一点 (x,y,z) 为始点，以 (a,b,c) 为方向数引一向量. 这样就在区域 G 中的每一点确定了一个方向，因而得到了一个方向场，称之为偏微分方程(6.2.5)所确定的**方向场**. 设光滑曲面 $z = \varphi(x,y)$ 是方程(6.2.5)的积分曲面，那么它在 $(x, y, \varphi(x,y))$ 处的法线方向数为 $p = \dfrac{\partial \varphi}{\partial x}, q = \dfrac{\partial \varphi}{\partial y}, -1$，适合等式

$$ap + bq + c(-1) = 0,$$

也就是说向量 (a,b,c) 和 $(p,q,-1)$ 是互相垂直的. 所以积分曲面 $z = \varphi(x,y)$ 上任一点的法线与方程(6.2.5)的方向场在这一点的方向是互相垂直的.

另一方面，一阶常微分方程组

$$\begin{cases} \dfrac{dx}{dt} = a(x,y,z), \\[6pt] \dfrac{dy}{dt} = b(x,y,z), \\[6pt] \dfrac{dz}{dt} = c(x,y,z) \end{cases} \tag{6.2.6}$$

在 (x,y,z) 空间中确定的方向场与偏微分方程(6.2.5)确定的方向场一致，称常微分方程组(6.2.6)为偏微分方程(6.2.5)的**特征方程**. 而常微分方程组(6.2.6)的每一个解 $x = x(t), y = y(t), z = z(t)$ 在三维空间 (x,y,z) 中表示一条曲线，这条曲线称为一阶偏微分方程(6.2.5)的**特征曲线**.

一阶偏微分方程(6.2.5)的求解问题和常微分方程组(6.2.6)的求解问题在下面的意义下是等价的：

(1) 特征曲线族所织成的光滑曲面是偏微分方程(6.2.5)的积分曲面;

(2) 偏微分方程(6.2.5)的每一个积分曲面 $z = \varphi(x, y)$ 可以由特征曲线族组成, 即过曲面 $z = \varphi(x, y)$ 的每一点所引的特征曲线整个落在曲面 $z = \varphi(x, y)$ 上.

由此可得求解一阶拟线性偏微分方程的方法: 首先作出它的特征方程(6.2.6), 并求出它的全部解, 然后从其中选取一族特征曲线, 使它织成光滑曲面, 这样就得到方程(6.2.5)的一个积分曲面.

柯西问题: 若在方程(6.2.5)的定义域 G 中预先给定了一条曲线

$$L : x = x_0(t), \quad y = y_0(t), \quad z = z_0(t),$$

要求解方程(6.2.5)的一个积分曲面 $z = \varphi(x, y)$, 使它含有曲线 L, 即有

$$z_0(t) = \varphi(x_0(t), y_0(t)),$$

这个问题称为一阶拟线性偏微分方程的柯西问题, 它是常微分方程的初值问题在偏微分方程中的自然拓广. 这里需要假定 $x_0'(t), y_0'(t), z_0'(t)$ 是连续的, 并且 $x_0'^2(t) + y_0'^2(t) \neq 0$.

和常微分方程的初值问题解的存在性不一样, 对偏微分方程的柯西问题有以下三种可能性.

(1) 如果 $x_0'(t) : y_0'(t) \neq a(x_0(t), y_0(t), z_0(t)) : b(x_0(t), y_0(t), z_0(t))$, 则上述柯西问题有唯一解;

(2) 如果曲线 L 是特征线, 即

$$\frac{x_0'(t)}{a(x_0(t), y_0(t), z_0(t))} = \frac{y_0'(t)}{b(x_0(t), y_0(t), z_0(t))} = \frac{z_0'(t)}{c(x_0(t), y_0(t), z_0(t))},$$

则上述柯西问题的解不是唯一的 (有无穷多个解);

(3) 若曲线 L 不是特征线, 但是

$$x_0'(t) : y_0'(t) \equiv a(x_0(t), y_0(t), z_0(t)) : b(x_0(t), y_0(t), z_0(t)),$$

则上述柯西问题没有解.

例 6.2.9 求解方程

$$x\frac{\partial z}{\partial y} - y\frac{\partial z}{\partial x} = 0 \tag{6.2.7}$$

过曲线 $L : x = 0, z = y^2$ 的积分曲面.

解: 这时 $a = -y, b = x, c = 0$. 方程(6.2.7)的特征方程为

$$\frac{\mathrm{d}x}{\mathrm{d}s} = -y, \quad \frac{\mathrm{d}y}{\mathrm{d}s} = x, \quad \frac{\mathrm{d}z}{\mathrm{d}s} = 0,$$

它的一般解为

$$x(s) = C_1 \cos s + C_2 \sin s, \quad y(s) = C_1 \sin s - C_2 \cos s, \quad z(s) = C_3,$$

其中 C_1, C_2, C_3 为任意常数.

曲线 L 的参数方程为 $x = 0, y = t, z = t^2$, 因为

$$\begin{vmatrix} a & b \\ x'_0 & y'_0 \end{vmatrix} = \begin{vmatrix} -t & 0 \\ 0 & 1 \end{vmatrix} = -t \neq 0,$$

所以方程有唯一的积分曲面含有曲线 L.

根据初值条件: $x(0) = C_1 = 0, y(0) = -C_2 = t, z(0) = C_3 = t^2$, 从而得到

$$x = -t\sin s, \quad y = t\cos s, \quad z = t^2,$$

由前两式中消去 s, 得到 $x^2 + y^2 = t^2$, 代入第三式得到所要求的过曲线 L 的积分曲面

$$z = x^2 + y^2.$$

例 6.2.10 求方程(6.2.7)过曲线 $L: z = 1, x^2 + y^2 = 4$ 的积分曲面.

解: 这时 L 的参数方程为

$$x = 2\cos t, \quad y = \pm 2\sin t, \quad z = 1,$$

它的切线方向是 $(-2\sin t, \pm 2\cos t, 0)$, 这和方程(6.2.7)的方向场的方向 $(\mp 2\sin t, 2\cos t, 0)$ 是一致的, 所以 L 是特征线, 故方程(6.2.7)有无穷多个积分曲面含有曲线 L, 例如

$$z = x^2 + y^2 - 3, \quad 4z = x^2 + y^2, \quad z = -x^2 - y^2 + 5$$

等均是所述柯西问题的解.

例 6.2.11 求解方程(6.2.7)过曲线 $L: z = x, x^2 + y^2 = 1$ 的积分曲面.

解: 曲线 L 的参数方程是

$$x = \cos t, \quad y = \pm \sin t, \quad z = \cos t,$$

由于沿 L 成立着恒等式

$$x'_0(t) : y'_0(t) = (-\sin t) : (\pm \cos t) = (-y) : x = a : b,$$

但这时 L 不是特征线, 因而所提的柯西问题无解.

一般形式的一阶拟线性偏微分方程为

$$\sum_{i=1}^{n} a_i(x_1, x_2, \cdots, x_n; u)\frac{\partial u}{\partial x_i} = f(x_1, x_2, \cdots, x_n; u), \tag{6.2.8}$$

其中 a_i 和 f 均为 $x_1, x_2, \cdots, x_n, u$ 的连续函数, 并且不同时为零. 常微分方程组

$$\begin{cases} \dfrac{\mathrm{d}x_i}{\mathrm{d}t} = a_i(x_1, x_2, \cdots, x_n; u), \\ \dfrac{\mathrm{d}u}{\mathrm{d}t} = f(x_1, x_2, \cdots, x_n; u), \end{cases} \tag{6.2.9}$$

或者

$$\begin{cases} \dfrac{\mathrm{d}x_1}{a_1} = \dfrac{\mathrm{d}x_2}{a_2} = \cdots = \dfrac{\mathrm{d}x_n}{a_n} = \dfrac{\mathrm{d}u}{f}, \\ a_i = a_i(x_1, x_2, \cdots, x_n; u), \\ f = f(x_1, x_2, \cdots, x_n; u), \end{cases} \tag{6.2.10}$$

称为拟线性偏微分方程 (6.2.8) 的特征方程组, 其中 $i = 1, 2, \cdots, n$.

若曲线

$$L : \begin{cases} x_i = x_i(t), \\ u = u(t) \end{cases}$$

满足特征方程组(6.2.9)和(6.2.10), 其中 $i = 1, 2, \cdots, n$, 则称 L 为拟线性偏微分方程的特征曲线. 设

$$y_i(x_1, x_2, \cdots, x_n; u) \quad (1 \leqslant i \leqslant n)$$

为特征方程组(6.2.10)的 n 个独立的首次积分, 则它对于任何连续可微函数

$$\varPhi = \varPhi(y_1(x_1, x_2, \cdots, x_n; u), y_2(x_1, x_2, \cdots, x_n; u), \cdots, y_n(x_1, x_2, \cdots, x_n; u)) = 0$$

都是拟线性偏微分方程(6.2.8)的隐式解.

6.2.4　一阶偏微分方程组

1. 相容方程组

设给定了两个一阶偏微分方程的方程组

$$\begin{cases} F\left(x, y, z, \dfrac{\partial z}{\partial x}, \dfrac{\partial z}{\partial y}\right) = 0, \\ G\left(x, y, z, \dfrac{\partial z}{\partial x}, \dfrac{\partial z}{\partial y}\right) = 0, \end{cases} \tag{6.2.11}$$

其中 x, y 是自变量, z 是未知函数. 一般说来, 不一定存在函数 $z = \varphi(x, y)$ 同时满足这两个方程, 也就是说它们可能没有公共的积分曲面.

下面讨论方程组(6.2.11)有公共解的条件.

当 $\dfrac{\partial(F, G)}{\partial(p, q)} \neq 0$ 时 (这里 $p = \dfrac{\partial z}{\partial x}, q = \dfrac{\partial z}{\partial y}$), 利用隐函数存在定理可由方程组(6.2.11)解出 p 和 q:

$$\begin{cases} p = A(x, y, z), \\ q = B(x, y, z), \end{cases} \tag{6.2.12}$$

假定函数 A 和 B 在 (x, y, z) 的某个区域 G 中有连续的一阶偏导数, 如果过区域 G 的每一点 (x, y, z), 方程组(6.2.12)都有一公共的积分曲面, 则称方程组(6.2.12)是相容的.

若 $z = \varphi(x,y)$ 是方程组(6.2.12)的一个公共解, 则可推出在积分曲面 $z = \varphi(x,y)$ 上, 成立

$$A_y + A_z B = B_x + B_z A. \tag{6.2.13}$$

因此当方程组(6.2.12)相容时, 关系式(6.2.13)在 G 中恒成立.

反之, 若条件(6.2.13)在 G 中恒成立, 也可推出方程组(6.2.12)是相容的. 所以在解相容方程组(6.2.12)时, 先验证条件(6.2.13)是否成立, 然后把 y 看作参数, 解常微分方程

$$\frac{\mathrm{d}z}{\mathrm{d}x} = A(x,y,z), \tag{6.2.14}$$

得到 $z = \varphi(x,y,c(y))$, 其中 c 是 y 的任意连续函数, 将此代入式(6.2.12)的第二个方程, 得到一个关于 $c(y)$ 的常微分方程, 解出 $c(y)$ 再代入式(6.2.14)即得方程组(6.2.12)的公共解.

2. 甫法夫方程

形状如下的一阶偏微分方程

$$P(x,y,z)\mathrm{d}x + Q(x,y,z)\mathrm{d}y + R(x,y,z)\mathrm{d}z = 0 \tag{6.2.15}$$

称为**甫法夫 (Pfaff) 方程**. 这里设 P, Q, R 在区域 G 中有连续的偏导数, 且 $P^2 + Q^2 + R^2 \neq 0$. 现不妨假定 $R \neq 0$, 若函数 $z = \varphi(x,y)$ 适合恒等式

$$P(x,y,\varphi(x,y))\mathrm{d}x + Q(x,y,\varphi(x,y))\mathrm{d}y + R(x,y,\varphi(x,y))\left(\frac{\partial \varphi}{\partial x}\mathrm{d}x + \frac{\partial \varphi}{\partial y}\mathrm{d}y\right) = 0,$$

即

$$\begin{cases} R(x,y,\varphi(x,y))\dfrac{\partial \varphi}{\partial x} + P(x,y,\varphi(x,y)) = 0, \\ R(x,y,\varphi(x,y))\dfrac{\partial \varphi}{\partial y} + Q(x,y,\varphi(x,y)) = 0, \end{cases}$$

这表明 $z = \varphi(x,y)$ 是方程组

$$\begin{cases} \dfrac{\partial z}{\partial x} = -\dfrac{P}{R}, \\ \dfrac{\partial z}{\partial y} = -\dfrac{Q}{R} \end{cases} \tag{6.2.16}$$

的公共解, 也就是方程(6.2.15)式的解. 因此当 $R \neq 0$ 时, 求方程(6.2.15)的解相当于求解方程组(6.2.16).

方程(6.2.15)过区域 G 的每一点有一积分曲面的充要条件是

$$P\left(\frac{\partial Q}{\partial z} - \frac{\partial R}{\partial y}\right) + Q\left(\frac{\partial R}{\partial x} - \frac{\partial P}{\partial z}\right) + R\left(\frac{\partial P}{\partial y} - \frac{\partial Q}{\partial x}\right) = 0. \tag{6.2.17}$$

式(6.2.17)关于 x, y, z 是对称的. 同样当 $P \neq 0$, 方程(6.2.15)有形如 $x = \varphi(y,z)$ 的积分曲面时, 也可得到关系式(6.2.17).

如果方程(6.2.15)的左边是函数 $u(x,y,z)$ 的全微分, 即
$$du(x,y,z) = Pdx + Qdy + Rdz,$$
则 $u(x,y,z) = C$ 是方程(6.2.15)的积分曲面族.

甫法夫方程在微分几何中应用很广, 并可推广到多维的情形.

3. 求完全积分的拉格朗日-沙比方法

这里给出求解含两个自变量的一阶偏微分方程的一般方法. 为了求方程
$$F\left(x,y,z,\frac{\partial z}{\partial x},\frac{\partial z}{\partial y}\right) = 0 \tag{6.2.18}$$
的完全积分, 先设法补充一个方程
$$G\left(x,y,z,\frac{\partial z}{\partial x},\frac{\partial z}{\partial y}\right) = a, \tag{6.2.19}$$
使它与式(6.2.18)有含两个参数的公共积分曲面族
$$z = \varphi(x,y,a,b), \tag{6.2.20}$$
那么式(6.2.20)是方程(6.2.18)的积分曲面族. 可以证明, 若 $\dfrac{\partial(F,G)}{\partial(p,q)} \neq 0$(这里 $p = \dfrac{\partial z}{\partial x}, q = \dfrac{\partial z}{\partial y}$), 则式(6.2.20)确是式(6.2.18)的含两个独立参数的解族, 从而是方程(6.2.18)的完全积分. 以上方法称为求方程(6.2.18)的完全积分的**拉格朗日-沙比 (Lagrange-Charpit) 方法**.

具体地说, 函数 G 应适合什么条件, 方程(6.2.18)与(6.2.19)才有含两个参数的公共解族? 这个问题相当于方程(6.2.18)与(6.2.19)是相容的问题. 这时相容性条件应该是什么呢? 由以上的条件可从方程(6.2.18)和(6.2.19)中解出 p 和 q:
$$p = A(x,y,z,a), \quad q = B(x,y,z,a),$$
再把解得的结果代入式(6.2.18)和(6.2.19), 就得到
$$F = (x,y,z,A(x,y,z,a),B(x,y,z,a)) = 0, \tag{6.2.21}$$
$$G = (x,y,z,A(x,y,z,a),B(x,y,z,a)) = a, \tag{6.2.22}$$
所以
$$\frac{\partial F}{\partial z} + \frac{\partial F}{\partial p}\frac{\partial A}{\partial z} + \frac{\partial F}{\partial q}\frac{\partial B}{\partial z} = 0,$$
$$\frac{\partial G}{\partial z} + \frac{\partial G}{\partial p}\frac{\partial A}{\partial z} + \frac{\partial G}{\partial q}\frac{\partial B}{\partial z} = 0.$$
故可解出 A_z 和 B_z. 同理将式(6.2.21)、(6.2.22)分别对 x 和 y 求导也可解出 A_y 和 B_x. 然后代入相容性条件(6.2.13), 由 $A_y + A_z B = B_x + B_z A$ 得到
$$-\begin{vmatrix} F_y & F_q \\ G_y & G_q \end{vmatrix} - \begin{vmatrix} F_z & F_q \\ G_z & G_q \end{vmatrix} B + \begin{vmatrix} F_p & F_x \\ G_p & G_x \end{vmatrix} + \begin{vmatrix} F_p & F_z \\ G_p & G_z \end{vmatrix} A = 0,$$

当 $p = A, q = B$ 时关于 x, y, z 恒成立. 所以方程(6.2.18) 和 (6.2.19)相容的条件为

$$-\begin{vmatrix} F_y & F_q \\ G_y & G_q \end{vmatrix} - \begin{vmatrix} F_z & F_q \\ G_z & G_q \end{vmatrix} q + \begin{vmatrix} F_p & F_x \\ G_p & G_x \end{vmatrix} + \begin{vmatrix} F_p & F_z \\ G_p & G_z \end{vmatrix} p = 0,$$

且关于 x, y, z, p, q 恒成立. 上式整理之后得到

$$\frac{\partial F}{\partial p}\frac{\partial G}{\partial x} + \frac{\partial F}{\partial q}\frac{\partial G}{\partial y} + \left(p\frac{\partial F}{\partial p} + q\frac{\partial F}{\partial q}\right)\frac{\partial G}{\partial z} - \left(\frac{\partial F}{\partial x} + p\frac{\partial F}{\partial z}\right)\frac{\partial G}{\partial p} - \left(\frac{\partial F}{\partial y} + q\frac{\partial F}{\partial z}\right)\frac{\partial G}{\partial q} = 0. \quad (6.2.23)$$

式(6.2.23)是一个关于 5 个变量 x, y, z, p, q 的未知函数 G 的齐次线性偏微分方程. 其对应的特征方程组为

$$\frac{\mathrm{d}x}{F_p} = \frac{\mathrm{d}y}{F_q} = \frac{\mathrm{d}z}{pF_p + qF_q} = \frac{\mathrm{d}p}{-(F_x + pF_z)} = \frac{\mathrm{d}q}{-(F_y + qF_z)}. \quad (6.2.24)$$

明显地, 函数 $F(x, y, z, p, q)$ 是方程组(6.2.24)的一个首次积分. 此外需要求方程组(6.2.24)的另一个与 F 无关的首次积分 $G(x, y, z, p, q)$, 即要求它适合条件 $\frac{\partial(F, G)}{\partial(p, q)} \neq 0$.

例 6.2.12 求方程 $\left(\frac{\partial z}{\partial x}\right)^2 + \left(\frac{\partial z}{\partial y}\right)^2 = 1$ 的完全积分.

解: 这时的特征方程为

$$\frac{\mathrm{d}x}{\mathrm{d}s} = 2p, \quad \frac{\mathrm{d}y}{\mathrm{d}s} = 2q, \quad \frac{\mathrm{d}z}{\mathrm{d}s} = 2(p^2 + q^2) = 2, \quad \frac{\mathrm{d}p}{\mathrm{d}s} = 0, \quad \frac{\mathrm{d}q}{\mathrm{d}s} = 0,$$

所以 $p = a$ 是它的一个首次积分, 并且与 $p^2 + q^2 - 1$ 无关. 由

$$\begin{cases} p = a, \\ p^2 + q^2 = 1 \end{cases}$$

解出 p 和 q. 得到 $p = a, q = \pm\sqrt{1 - a^2}$, 因此

$$z = ax \pm \sqrt{1 - a^2}\,y + b$$

是方程的完全积分.

例 6.2.13 求解偏微分方程 $2xz - x^2\dfrac{\partial z}{\partial x} - 2xy\dfrac{\partial z}{\partial y} + \dfrac{\partial z}{\partial x}\dfrac{\partial z}{\partial y} = 0$.

解: 这时 $F = 2xz - x^2 p - 2xyq + pq$ 对应的特征方程为

$$\frac{\mathrm{d}p}{2z - 2qy} = \frac{\mathrm{d}q}{0} = \frac{\mathrm{d}x}{x^2 - q} = \frac{\mathrm{d}y}{2xy - p} = \frac{\mathrm{d}z}{px^2 + 2xyq - 2pq},$$

显然 $q = a$ 是与 F 无关的一个首次积分, 故联立

$$\begin{cases} q = a, \\ F = 0, \end{cases}$$

可解出
$$p = \frac{2x(z-ay)}{x^2 - a},$$
因此由
$$dz = pdx + qdy = \frac{2x(z-ay)}{x^2 - a}dx + ady,$$
即
$$\frac{dz - ady}{z - ay} = \frac{2xdx}{x^2 - a},$$
两边积分可解出
$$z = ay + b(x^2 - a)$$
是原方程的完全积分.

例 6.2.14 求解
$$\left(\frac{\partial z}{\partial x}\right)^2 + \left(\frac{\partial z}{\partial y}\right)^2 + \frac{\partial z}{\partial x}\frac{\partial z}{\partial y} - x\frac{\partial z}{\partial y} - y\frac{\partial z}{\partial x} - 2z + xy = 0.$$

解：它的特征方程是
$$\frac{dx}{2p+q-y} = \frac{dy}{2q+p-x} = \frac{dz}{2(p^2+q^2+pq)-py-qx}$$
$$= \frac{dp}{q-y+2p} = \frac{dq}{p-x+2q},$$
因此
$$dx - dp = 0,$$
从而得到一个与 F 无关的首次积分
$$p - x = a.$$
由
$$\begin{cases} p - x = a, \\ q^2 + aq + x^2 + 2ax + a^2 - ay - 2z = 0 \end{cases}$$
可解出 p 和 q：
$$p = a + x, \quad q = -\frac{a}{2} + \sqrt{2z + ay - (x+a)^2 + \frac{a^2}{4}},$$
故
$$dz = pdx + qdy = (x+a)dx + \left(-\frac{a}{2} + \sqrt{2z + ay - (x+a)^2 + \frac{a^2}{4}}\right)dy,$$

这实际上是一个甫法夫方程, 即

$$\mathrm{d}y = \frac{\mathrm{d}z + \dfrac{a}{2}\mathrm{d}y - (x+a)\mathrm{d}x}{\sqrt{2z + ay - (x+a)^2 + \dfrac{a^2}{4}}} = \frac{\mathrm{d}(2z + ay - (x+a)^2 + \dfrac{a^2}{4})}{2\sqrt{2z + ay - (x+a)^2 + \dfrac{a^2}{4}}},$$

两边积分有

$$y + b = \sqrt{2z + ay - (x+a)^2 + \frac{a^2}{4}},$$

因此

$$z = \frac{1}{2}\left[(x+a)^2 + (y+b)^2 - ay - \frac{a^2}{4}\right]$$

为原方程的完全积分.

一般而言, 对多于两个自变量的一阶线性偏微分方程

$$\frac{\partial z}{\partial t} + a_1(t, x_1, \cdots, x_n)\frac{\partial z}{\partial x_1} + \cdots + a_n(t, x_1, \cdots, x_n)\frac{\partial z}{\partial x_n} = 0, \qquad (6.2.25)$$

若 $z = \varphi(t, x_1, \cdots, x_n)$ 为式(6.2.25)的非常值解, 则 $\varphi(t, x_1, \cdots, x_n)$ 是常微分方程组

$$\frac{\mathrm{d}x_i}{\mathrm{d}t} = a_i(t, x_1, \cdots, x_n) \quad (1 \leqslant i \leqslant n) \qquad (6.2.26)$$

的首次积分. 以上结论反过来也成立. 故只要能找到对应于方程(6.2.25)的特征方程组(6.2.26)的首次积分, 也就等于找到了方程(6.2.25)的解.